COBOL 85 meistern

Ihre Schritt-für-Schritt-Anleitung zur
essenziellen Geschäftssprache

Logan Knottovu

Inhaltsverzeichnis

Kapitel 1: Willkommen zu COBOL

COBOL steht für **C**ommon **B**usiness-**O**riented **L**anguage (Allgemeine Geschäftsori-
entierte Sprache). Dieser Name verrät Ihnen viel über seinen ursprünglichen Zweck
und seine anhaltenden Stärken. Im Gegensatz zu Sprachen, die hauptsächlich für wis-
senschaftliche Berechnungen oder Systemprogrammierung entwickelt wurden,
wurde COBOL speziell für die Datenverarbeitungsbedürfnisse von Unternehmen
geschaffen: Verwaltung von Datensätzen, Durchführung von Berechnungen, Erstellung von Berichten und zuverlässige Abwicklung großer Transaktionsvolumina. Sein
Design betont Klarheit und die Fähigkeit, Datenstrukturen zu verwalten, die
Geschäftsdokumente und -datensätze widerspiegeln.

Warum ist COBOL immer noch wichtig?

Sie hören vielleicht, dass COBOL eine alte Sprache ist, und das stimmt. Ihre
Ursprünge reichen bis in die späten 1950er Jahre zurück. *Alt* bedeutet jedoch nicht
veraltet. Denken Sie an die Kernsysteme, die das globale Bankwesen, Versicherungen,
Logistik und staatliche Dienstleistungen betreiben. Eine große Mehrheit dieser kritischen Anwendungen, die täglich Transaktionen im Wert von Billionen von Dollar
verarbeiten, sind in COBOL geschrieben.

Warum wurde nicht alles ersetzt?

1. **Zuverlässigkeit:** Diese Systeme funktionieren. Sie verarbeiten Daten seit
   Jahrzehnten präzise.
2. **Skalierbarkeit:** COBOL zeichnet sich durch die effiziente Verarbeitung
   riesiger Datenmengen aus, insbesondere auf Mainframe-Plattformen, auf
   denen viele dieser Kernsysteme laufen.
3. **Kosten und Risiko:** Das Neuschreiben von Jahrzehnten komplexer, vernetzter
   Geschäftslogik in einer neuen Sprache ist ein unglaublich teures,
   zeitaufwändiges und riskantes Unterfangen.

Daher besteht ein kontinuierlicher Bedarf an Entwicklern, die diese wesentlichen
COBOL-Systeme verstehen, warten und sogar modernisieren können. Das Erlernen

von COBOL öffnet Türen zu stabilen, oft lukrativen Karrieren in Branchen, die das Rückgrat der modernen Wirtschaft bilden.

Ein Blick in die Geschichte

Die Geschichte von COBOL beginnt 1959 mit dem Committee on Data Systems Languages (CODASYL). Das US-Verteidigungsministerium wollte zusammen mit Computerherstellern und Großanwendern eine standardisierte, portable Programmiersprache für die Geschäftsdatenverarbeitung, die nicht an einen einzigen Computerhersteller gebunden war. Ein wichtiger Einfluss war Konteradmiral Grace Hopper, eine Computerpionierin, die sich für Sprachen einsetzte, die der natürlichen Sprache näher kamen.

Ziel war es, eine Sprache zu schaffen, die eher dem Englischen ähnelte und Programme potenziell (mit Disziplin) auch für Nicht-Programmierer verständlich machte. Im Laufe der Jahre entwickelte sich COBOL durch mehrere Standards weiter:

- COBOL 68
- COBOL 74
- **COBOL 85 (Unser Fokus)**: Führte bedeutende Verbesserungen wie strukturierte Programmierkonstrukte (z. B. `END-IF`, `END-PERFORM`) ein, wodurch Code wartbarer wurde.
- COBOL 2002 und später: Fügten objektorientierte Funktionen und andere Modernisierungen hinzu, obwohl COBOL 85 in bestehenden Systemen weiterhin weit verbreitet ist.

Das Verständnis dieser Geschichte hilft zu würdigen, warum COBOL so aussieht, wie es aussieht, und warum COBOL 85 ein entscheidender Schritt in seiner Entwicklung hin zu strukturierterem Code war.

Kernstärken von COBOL

COBOL wurde nicht entwickelt, um alles zu können, aber es zeichnet sich in seinem spezifischen Bereich durch mehrere Schlüsselmerkmale aus:

- **Geschäftslogik-Orientierung**: Seine Verben (`ADD`, `SUBTRACT`, `MOVE`, `READ`, `WRITE`) und seine Struktur entsprechen direkt gängigen Geschäftsoperationen.
- **Überlegene Datenhandhabung**: COBOL bietet leistungsstarke und präzise Möglichkeiten zur Definition und Manipulation strukturierter Daten, insbesondere von Datensätzen in Dateien. Seine `PICTURE`-Klauseln ermöglichen eine detaillierte Kontrolle über die Datenformatierung, was für die geschäftliche Genauigkeit unerlässlich ist. Wir werden dies in Kapitel 4 ausführlich untersuchen.
- **Dateiverarbeitungsfähigkeiten**: Es verfügt über integrierte, robuste Unterstützung für verschiedene Dateiorganisationen (Sequenziell, Indiziert,

Relativ), die für die Stapel- und Transaktionsverarbeitung unerlässlich sind. Die Kapitel 7 bis 10 befassen sich eingehend mit der Dateiverarbeitung.

- **Lesbarkeit (beabsichtigt):** Die englischähnliche Syntax zielte auf selbstdokumentierenden Code ab. Obwohl dies sorgfältige Codierungsstandards erfordert, kann gut geschriebenes COBOL für die Geschäftslogik leichter zu verfolgen sein als einige symbolischere Sprachen.
- **Plattformstabilität:** COBOL-Compiler und Laufzeitumgebungen sind ausgereift und außergewöhnlich stabil, insbesondere auf Mainframe-Plattformen, die für ihre Zuverlässigkeit bekannt sind.

Erwartungen setzen

Das Erlernen von COBOL, insbesondere COBOL 85, ist eine lohnende Erfahrung, aber es ist hilfreich, die richtigen Erwartungen zu haben.

- **Syntax ist anders:** Wenn Sie Erfahrung mit Sprachen wie Python, Java oder C# haben, werden sich die Struktur und Syntax von COBOL ganz anders anfühlen. Seine Aspekte des festen Formats (historisch an Lochkarten gebunden, obwohl jetzt weniger streng) und die Divisionsstruktur sind einzigartig.
- **Fokus auf Struktur:** COBOL erfordert einen strukturierten Ansatz. Die vorherige Planung der Divisionen und Datenlayouts Ihres Programms ist entscheidend.
- **Es geht um Logik:** Wie bei jeder Programmiersprache besteht die Kernherausforderung darin, das Problem zu verstehen und die Lösung logisch auszudrücken. COBOL stellt die Werkzeuge zur Verfügung; Sie liefern das Denken.

Dieses Buch wird Sie Schritt für Schritt anleiten, beginnend mit den absoluten Grundlagen. Wir werden Ihr Verständnis schrittweise aufbauen und uns auf die praktische Anwendung und die im COBOL 85-Standard definierten Funktionen konzentrieren, die das Fundament unzähliger bestehender Programme bilden.

Zusammenfassung des Kapitels

In diesem Kapitel haben wir etabliert, was COBOL ist – eine Sprache, die speziell für die Geschäftsdatenverarbeitung entwickelt wurde. Wir haben gesehen, warum es trotz seines Alters in der heutigen Welt von entscheidender Bedeutung ist und wesentliche Systeme in wichtigen Branchen antreibt. Wir haben kurz seine Geschichte gestreift und seine Kernstärken identifiziert, insbesondere in der Daten- und Dateiverarbeitung. Schließlich haben wir Erwartungen für Ihre Lernreise formuliert und die einzigartigen Eigenschaften von COBOL anerkannt.

Nachdem Sie nun ein konzeptionelles Verständnis von COBOL und seiner Bedeutung haben, ist es an der Zeit, sich die Hände schmutzig zu machen. Im nächsten Kapitel werden wir Sie durch die Einrichtung einer COBOL-Entwicklungsumgebung auf Ihrem eigenen Computer führen und Ihr allererstes Programm kompilieren. Fangen wir an zu programmieren!

Kapitel 2: Einrichten Ihrer COBOL-Umgebung

Auswahl Ihrer Werkzeuge: Der Compiler

Ein **Compiler** ist ein spezielles Programm, das den von Ihnen geschriebenen, für Menschen lesbaren COBOL-Code in maschinenlesbare Anweisungen übersetzt, die der Prozessor Ihres Computers ausführen kann. Ohne einen Compiler sind Ihre COBOL-Quellcodedateien nur Text.

In der Welt des Mainframe-Computings sind Compiler wie IBM Enterprise COBOL oder Micro Focus Visual COBOL Industriestandards. Für das Lernen und die Entwicklung auf Personal Computern (Windows, macOS, Linux) können diese jedoch manchmal kostspielig oder komplex einzurichten sein.

Glücklicherweise gibt es eine ausgezeichnete, kostenlose und Open-Source-Option: **GnuCOBOL** (früher bekannt als OpenCOBOL). Es hält sich gut an die COBOL-Standards (einschließlich COBOL 85, unserem Fokus, und späterer Standards) und wird aktiv gepflegt. Für die Zwecke dieses Buches werden wir hauptsächlich GnuCOBOL für Beispiele verwenden, da es für jeden zugänglich ist. Es ermöglicht Ihnen, die COBOL-Programmierung zu erlernen, ohne Zugang zu einem Mainframe oder teuren Softwarelizenzen zu benötigen.

Installieren von GnuCOBOL

Die genauen Installationsschritte hängen stark von Ihrem Betriebssystem ab. Ziel ist es, den Befehl cobc zu installieren, welcher der GnuCOBOL-Compiler ist. Beziehen Sie sich immer auf die offizielle GnuCOBOL-Dokumentation oder vertrauenswürdige Quellen für die aktuellsten Anweisungen für Ihr spezifisches System. Hier sind allgemeine Richtlinien:

- **Windows:**

- Vorkompilierte Binärdateien sind oft der einfachste Weg. Suchen Sie nach zuverlässigen Quellen, die GnuCOBOL für Windows bündeln (Arnold Trembleys OCIDE-Paket war beliebt, oder Pakete, die über Umgebungen wie MSYS2 oder Cygwin verfügbar sind).
- Nach der Installation müssen Sie möglicherweise das `bin`-Verzeichnis des Compilers manuell zur `PATH`-Umgebungsvariable Ihres Systems hinzufügen, damit Sie `cobc` von jedem Kommandozeilenfenster aus ausführen können.

- Linux:

  - Die meisten Linux-Distributionen bieten GnuCOBOL über ihre Paketmanager an.
  - Auf Debian/Ubuntu-basierten Systemen: `sudo apt-get update && sudo apt-get install gnucobol`
  - Auf Fedora/CentOS/RHEL-basierten Systemen: `sudo dnf install gnucobol` oder `sudo yum install gnucobol`

- macOS:

  - Homebrew ist ein beliebter Paketmanager für macOS.
  - Installieren Sie Homebrew, falls Sie es nicht haben, und führen Sie dann aus: `brew install gnu-cobol`

Überprüfung: Öffnen Sie nach der Installation Ihr Terminal oder Ihre Kommandozeile und geben Sie ein:

```
cobc --version
```

Sie sollten eine Ausgabe sehen, die die Version des GnuCOBOL-Compilers anzeigt. Wenn Sie einen Fehler wie "command not found" (Befehl nicht gefunden) erhalten, ist die Installation wahrscheinlich fehlgeschlagen, oder der Speicherort des Compilers befindet sich nicht im Ausführungspfad Ihres Systems.

Ihr erstes Programm: Hallo, Welt!

Es ist eine langjährige Tradition in der Programmierung, mit einem Programm zu beginnen, das einfach den Text "Hallo, Welt!" auf dem Bildschirm anzeigt. Lassen Sie uns unsere COBOL-Version erstellen.

Öffnen Sie einen einfachen Texteditor (wie Notepad unter Windows, TextEdit unter macOS im reinen Textmodus oder `nano`/`vim`/`gedit` unter Linux) und geben Sie den folgenden Code sorgfältig ein. Achten Sie auf den Leerraum am Anfang der Zeilen – er ist im traditionellen COBOL wichtig!

```
IDENTIFICATION DIVISION.
```

```
PROGRAM-ID. HALLO.
*
ENVIRONMENT DIVISION.
*
DATA DIVISION.
*
PROCEDURE DIVISION.
GRUSS-ANZEIGEN.
    DISPLAY "Hallo, Welt!".
LAUF-BEENDEN.
    STOP RUN.
```

Lassen Sie uns dies kurz aufschlüsseln:

- Zeilen, die in **Bereich A** (Spalte 8) beginnen: Diese definieren wichtige Strukturteile (IDENTIFICATION DIVISION., PROGRAM-ID., PROCEDURE DIVISION., Paragraphnamen wie GRUSS-ANZEIGEN., LAUF-BEENDEN.).
- Zeilen, die in **Bereich B** (Spalte 12 oder später) beginnen: Dies sind die Programmier-Anweisungen (DISPLAY "Hallo, Welt!"., STOP RUN.).
- IDENTIFICATION DIVISION.: Benennt das Programm (HALLO).
- PROCEDURE DIVISION.: Enthält die ausführbaren Anweisungen.
- DISPLAY "Hallo, Welt!".: Die Kernaktion – sie weist das Programm an, den Text zwischen den Anführungszeichen auf dem Bildschirm anzuzeigen.
- STOP RUN.: Weist das Programm an, die Ausführung zu beenden.
- * in Spalte 7: Kennzeichnet eine Kommentarzeile, die vom Compiler ignoriert wird.
- Wir haben vorerst leere ENVIRONMENT- und DATA-Divisionen; sie sind syntaktisch erforderlich, werden aber für dieses einfache Programm nicht benötigt. Wir werden diese wichtigen Divisionen in den kommenden Kapiteln untersuchen.

Speichern Sie diese Datei unter einem Namen wie HALLO.CBL oder HALLO.COB. Die Erweiterung hilft dabei, sie als COBOL-Quellcodedatei zu identifizieren.

Ihren Code zum Leben erwecken: Kompilieren und Ausführen

Jetzt haben Sie den Quellcode (HALLO.CBL) und den Compiler (cobc). Lassen Sie uns sie zusammenbringen.

1. **Kompilieren:** Öffnen Sie Ihr Terminal oder Ihre Kommandozeile, navigieren Sie zu dem Verzeichnis, in dem Sie HALLO.CBL gespeichert haben, und führen Sie den Compiler-Befehl aus:

```
cobc -x HALLO.CBL
```

- cobc: Ruft den GnuCOBOL-Compiler auf.
- -x: Weist den Compiler an, eine direkt ausführbare Datei zu erstellen.
- HALLO.CBL: Gibt Ihre Quellcodedatei an.

Wenn Sie alles korrekt eingegeben haben, sollte der Befehl ohne Fehlermeldungen abgeschlossen werden. Er erstellt eine neue Datei im selben Verzeichnis. Unter Linux oder macOS heißt diese Datei wahrscheinlich HALLO. Unter Windows wird sie wahrscheinlich HALLO.exe heißen. Dies ist Ihr kompiliertes Programm – der Maschinencode!

Wenn Sie Fehler erhalten, lesen Sie diese sorgfältig durch. Sie weisen normalerweise auf Tippfehler oder Syntaxfehler in Ihrer .CBL-Datei hin. Gehen Sie zurück zu Ihrem Texteditor, beheben Sie die Fehler, speichern Sie die Datei und versuchen Sie erneut zu kompilieren.

2. **Ausführen:** Führen Sie nun das Programm aus, das Sie gerade erstellt haben:

   - Unter Linux oder macOS:

     ```
     ./HALLO
     ```

     (Das ./ weist die Shell an, im aktuellen Verzeichnis nach der ausführbaren Datei zu suchen)

   - Unter Windows:

     ```
     HALLO.exe
     ```

     (Oder manchmal nur HALLO)

Erwartete Ausgabe:

```
Hallo, Welt!
```

Herzlichen Glückwunsch! Sie haben erfolgreich Ihre Umgebung eingerichtet, Ihr erstes COBOL-Programm geschrieben, kompiliert und ausgeführt.

Ein Blick auf Syntaxregeln: Spalten und Bereiche

Sie haben wahrscheinlich die spezifische Einrückung im "Hallo, Welt!"-Beispiel bemerkt. Das traditionelle COBOL-Quellcodeformat ist von den 80-spaltigen Lochkarten beeinflusst, die in der Vergangenheit verwendet wurden. Obwohl moderne

Compiler (einschließlich GnuCOBOL) Freiformatoptionen anbieten, ist das Verständnis des klassischen festen Formats entscheidend für die Arbeit mit bestehenden Codebasen.

Hier ist ein kurzer Überblick über das Standard-Spaltenlayout:

- **Spalten 1-6:** Sequenznummern (Optional, heute selten verwendet, vom Compiler ignoriert).
- **Spalte 7:** Indikatorbereich. Verwendet für:
    - *: Kommentarzeile.
    - /: Kommentarzeile, die auch einen Seitenvorschub in Auflistungen verursacht.
    - -: Fortsetzung eines Literals oder Wortes aus der vorherigen Zeile.
    - D: Debugging-Zeile (wird je nach Compileroptionen als Code oder Kommentar behandelt).
- **Spalten 8-11: Bereich A.** Divisionsüberschriften, Sectionsüberschriften, Paragraphnamen, FD-Einträge und Stufennummern 01 und 77 müssen hier beginnen.
- **Spalten 12-72: Bereich B.** Die meisten COBOL-Anweisungen, Sätze und Klauseln werden hier geschrieben. Sie können in Spalte 12 oder einer beliebigen Spalte danach innerhalb von Bereich B beginnen.
- **Spalten 73-80:** Identifikationsbereich (Optional, vom Compiler ignoriert, manchmal für Programmkennzeichnung oder Zeilenänderungsmarkierungen verwendet).

Machen Sie sich keine Sorgen, das alles jetzt auswendig zu lernen. Wir haben es hier eingeführt, weil Sie es im HALLO.CBL-Beispiel angetroffen haben. Die wichtigste Erkenntnis ist, dass **wo** Sie Ihre Codeelemente in einer Zeile platzieren, im traditionellen COBOL eine Rolle spielt. Wir werden uns im nächsten Kapitel viel eingehender mit der Programmstruktur und den Syntaxregeln befassen.

Zusammenfassung des Kapitels

In diesem Kapitel sind wir von der Theorie zur Praxis übergegangen. Sie haben die Rolle eines Compilers kennengelernt und GnuCOBOL als unser zugängliches Werkzeug für dieses Buch ausgewählt. Wir sind die allgemeinen Installationsschritte für verschiedene Betriebssysteme durchgegangen und haben die Einrichtung überprüft. Am wichtigsten ist, dass Sie Ihr erstes COBOL-Programm geschrieben, kompiliert und ausgeführt haben – das klassische "Hallo, Welt!". Wir haben auch einen ersten Blick auf die spaltenbasierten Syntaxregeln geworfen, die für traditionelles COBOL charakteristisch sind.

Sie verfügen nun über eine funktionierende COBOL-Umgebung und haben den grundlegenden Kompilierungs-Ausführungs-Zyklus gesehen. Mit dieser Grundlage sind wir bereit, die fundamentalen Bausteine jedes COBOL-Programms zu erkunden.

Kapitel 3 wird die Struktur eines COBOL-Programms sezieren und den Zweck und Inhalt seiner vier wesentlichen Divisionen untersuchen.

Kapitel 3: Verständnis der COBOL-Programmstruktur

Nachdem Sie Ihr erstes COBOL-Programm in Kapitel 2 erfolgreich kompiliert und ausgeführt haben, sind Sie bereits der grundlegenden Form einer COBOL-Quellcodedatei begegnet. Lassen Sie uns nun diese Struktur systematisch aufschlüsseln. Jedes COBOL-Programm ist in einer Hierarchie organisiert, die hauptsächlich durch vier verschiedene **Divisionen** definiert wird. Das Verständnis des Zwecks jeder Division ist fundamental, da sie den obligatorischen Rahmen bilden, innerhalb dessen sich Ihr gesamter COBOL-Code befindet. Stellen Sie sie sich wie die Hauptabschnitte eines Bauplans vor, wobei jeder einen anderen Aspekt der Konstruktion detailliert beschreibt.

Die vier Divisionen: Ein Überblick

Jedes Standard-COBOL-Programm *muss* diese vier Divisionen enthalten, und sie *müssen* in dieser spezifischen Reihenfolge erscheinen:

1. **IDENTIFICATION DIVISION:** Identifiziert das Programm.
2. **ENVIRONMENT DIVISION:** Beschreibt die Computerumgebung, in der das Programm ausgeführt wird, insbesondere in Bezug auf Dateien.
3. **DATA DIVISION:** Definiert alle Datenelemente (Variablen, Konstanten, Datensatzlayouts), die das Programm verwendet.
4. **PROCEDURE DIVISION:** Enthält die eigentliche Verarbeitungslogik – die Anweisungen (Verben), die Daten manipulieren und den Programmablauf steuern.

Selbst wenn eine Division für ein einfaches Programm keinen spezifischen Inhalt benötigt (wie unser "Hallo, Welt!"-Beispiel), muss ihre Überschrift dennoch vorhanden sein. Betrachten wir jede einzelne genauer.

IDENTIFICATION DIVISION

Dies ist die einfachste Division. Ihr primärer obligatorischer Zweck ist es, Ihrem Programm mithilfe des `PROGRAM-ID`-Paragraphen einen Namen zuzuweisen. Dieser Name ist, wie das Programm vom System und potenziell von anderen Programmen identifiziert wird.

```
IDENTIFICATION DIVISION.
PROGRAM-ID. HALLO.
AUTHOR.    Buchautor. *> Optional: Gibt den Programmierer an.
DATE-WRITTEN. 2024-01-15. *> Optional: Vermerkt das Erstellungsdatum.
* Andere optionale Einträge wie INSTALLATION, DATE-COMPILED existieren.
```

Während Paragraphen wie `AUTHOR`, `INSTALLATION`, `DATE-WRITTEN` und `DATE-COMPILED` gemäß dem Standard optional sind, ist `PROGRAM-ID` absolut erforderlich. Die Verwendung der optionalen Paragraphen kann eine gute Praxis zur Dokumentation innerhalb des Codes selbst sein. Beachten Sie, wie jeder Paragraph in Bereich A (Spalte 8) beginnt und mit einem Punkt endet.

ENVIRONMENT DIVISION

Diese Division fungiert als Brücke zwischen Ihrem Programm und der spezifischen Hardware- und Softwareumgebung, in der es ausgeführt wird. Sie behandelt Aspekte wie das verwendete Computersystem und, was am wichtigsten ist, wie Ihr Programm mit externen Dateien interagiert.

Die `ENVIRONMENT DIVISION` enthält typischerweise zwei Hauptsektionen:

1. `CONFIGURATION SECTION`: Spezifiziert die Computer, die zum Kompilieren und Ausführen des Programms verwendet werden (`SOURCE-COMPUTER`, `OBJECT-COMPUTER`). In vielen modernen Kontexten, insbesondere mit GnuCOBOL auf Personal Computern, kann diese Sektion oft weggelassen werden oder ist minimal, da die Kompilierungs- und Ausführungsumgebungen identisch sind.
2. `INPUT-OUTPUT SECTION`: Hier wird die entscheidende Verbindung zu externen Datendateien hergestellt. Sie enthält den `FILE-CONTROL`-Paragraphen, in dem Sie `SELECT`-Anweisungen verwenden, um die in Ihrem Programm verwendeten logischen Dateinamen den tatsächlichen physischen Dateien zuzuordnen, die vom Betriebssystem verwaltet werden.

```
ENVIRONMENT DIVISION.
 CONFIGURATION SECTION. *> Oft minimal oder weggelassen in einfacher PC-
Entwicklung
 SOURCE-COMPUTER.   PC-GENERIC.
```

```
OBJECT-COMPUTER.   PC-GENERIC.
*
INPUT-OUTPUT SECTION.
FILE-CONTROL.
    * SELECT-Anweisungen für Dateien würden hier stehen.
    * Beispiel (Details in Kapitel 7):
    * SELECT KUNDENDATEI ASSIGN TO "KUNDEN.DAT".
```

Erkennen Sie vorerst, dass diese Division externe Verbindungen handhabt. Wir werden hier nicht tief in Dateizuweisungen eintauchen; die Kapitel 7 bis 10 sind vollständig der Dateiverarbeitung gewidmet, wo die INPUT-OUTPUT SECTION von entscheidender Bedeutung wird.

DATA DIVISION

Dies ist wohl einer der markantesten und wichtigsten Teile eines COBOL-Programms. Die DATA DIVISION ist der Ort, an dem Sie **jedes einzelne Datenelement**, mit dem Ihr Programm arbeiten wird, akribisch definieren. Dazu gehören Variablen für Berechnungen, Speicher für aus Dateien gelesene Daten, Daten, die in Dateien oder Berichte geschrieben werden sollen, und Konstanten. COBOL verlangt, dass Sie alle Daten im Voraus deklarieren, bevor Sie sie in Ihrer Logik verwenden können.

Die DATA DIVISION hat mehrere Sektionen, aber die beiden häufigsten, denen Sie anfangs begegnen werden, sind:

1. FILE SECTION: Definiert die Struktur (Datensatzlayout) von Daten, die von externen Dateien stammen oder dorthin gehen, welche im FILE-CONTROL-Paragraphen der ENVIRONMENT DIVISION deklariert wurden. Jede in FILE-CONTROL aufgeführte Datei hat hier einen entsprechenden FD-Eintrag (File Description - Dateibeschreibung).
2. WORKING-STORAGE SECTION: Dies ist der interne Arbeitsbereich oder Notizblock Ihres Programms. Hier definieren Sie alle Variablen, Konstanten, Flags (Kennzeichen), Zähler und temporären Speicherbereiche, die für die Verarbeitung benötigt werden. Hier definierte Daten sind *nicht* direkt mit externen Dateien verbunden.

```
DATA DIVISION.
FILE SECTION.
     * FD-Einträge, die Dateidatensatzlayouts beschreiben, stehen hier
(Kapitel 7+).
     *
WORKING-STORAGE SECTION.
     * Variablen und Konstanten, die intern verwendet werden, stehen hier.
     * Beispiel (Details in Kapitel 4):
```

```
01 WS-ZAEHLER          PIC 9(03) VALUE ZERO.
01 WS-BENUTZERNACHRICHT PIC X(20) VALUE "Verarbeitung abgeschlossen.".
```

Die Strenge der DATA DIVISION ist ein Markenzeichen von COBOL. Diese explizite
Definition trägt zur Eignung der Sprache für Geschäftsanwendungen bei, bei denen
Datengenauigkeit und -struktur von größter Bedeutung sind. Wir werden das gesamte
nächste Kapitel, Kapitel 4, der Erkundung der WORKING-STORAGE SECTION widmen
und wie man Datenelemente mithilfe von PICTURE-Klauseln und Stufennummern
effektiv definiert.

PROCEDURE DIVISION

Schließlich gelangen wir zur PROCEDURE DIVISION. Hier findet die Aktion statt! Sie
enthält die Anweisungen, bekannt als **Verben** (wie DISPLAY, MOVE, ADD, READ, WRITE, IF,
PERFORM), die dem Computer mitteilen, was mit den in der DATA DIVISION definierten
Daten zu tun ist. Die Logik fließt durch die hier geschriebenen Anweisungen.

```
PROCEDURE DIVISION.
PROGRAMMSTART.
    DISPLAY "Starte den Prozess...".
    *> Weitere Verarbeitungslogik (Verben) würde hier stehen.
    MOVE WS-ZAEHLER TO ANDERE-VARIABLE. *> Benötigt Definitionen
    ADD 1 TO WS-ZAEHLER.                *> in DATA DIVISION.
    * ...
PROGRAMMENDE.
    DISPLAY WS-BENUTZERNACHRICHT. *> Daten aus WORKING-STORAGE anzeigen
    STOP RUN. *> Programmausführung beenden
```

Die PROCEDURE DIVISION wird mithilfe von **Paragraphen** und optional **Sektionen**
organisiert.

Organisation Ihrer Logik: Paragraphen und Sektionen

Die grundlegende Organisationseinheit innerhalb der PROCEDURE DIVISION ist der
Paragraph.

- Ein Paragraph ist einfach ein Block aus einem oder mehreren COBOL-Sätzen
  (Anweisungen, die mit einem Punkt enden).
- Er beginnt mit einem **Paragraphnamen** (wie PROGRAMMSTART. oder PROGRAM-
  MENDE. im obigen Beispiel), der in Bereich A beginnt.

- Die Ausführung fließt normalerweise von einem Paragraphen zum nächsten, es sei denn, sie wird durch Ablaufsteuerungsanweisungen wie PERFORM oder GO TO geändert (mehr dazu in Kapitel 6).

Sie können optional verwandte Paragraphen zu **Sektionen** gruppieren.

- Eine Sektion beginnt mit einem **Sektionsnamen** (der ebenfalls in Bereich A beginnt), gefolgt vom Wort SECTION und einem Punkt (z. B. INITIALISIER-UNGS-SECTION.).
- Eine Sektion endet, wenn die nächste Sektion beginnt oder am Ende der PRO-CEDURE DIVISION.
- Sektionen bieten eine höhere Organisationsebene, die oft in größeren Programmen verwendet wird, um funktionale Einheiten wie Initialisierungs-, Hauptverarbeitungs- und Abschlussroutinen zu gruppieren.

Für kleinere Programme reichen Paragraphen allein oft aus. Wenn Programme wachsen, werden Sektionen für die Wartbarkeit wertvoll.

Zusammenfassung des Kapitels

Dieses Kapitel beleuchtete die obligatorische Vier-Divisions-Struktur jedes COBOL-Programms: IDENTIFICATION (Benennung), ENVIRONMENT (Verknüpfung mit Externem), DATA (Definition aller Daten) und PROCEDURE (Ausführung der Logik). Wir haben gesehen, dass diese Struktur einen klaren Rahmen bietet, der Identifikation, Umgebungsspezifika, Datendefinitionen und Verarbeitungsschritte trennt. Wir haben auch angesprochen, wie die PROCEDURE DIVISION selbst mithilfe von Paragraphen und optionalen Sektionen organisiert wird, um die ausführbare Logik des Programms zu strukturieren. Sie verstehen nun den übergeordneten Zweck jeder Division und ihre erforderliche Reihenfolge.

Mit diesem strukturellen Verständnis sind wir perfekt positioniert, um uns auf die DATA DIVISION zu konzentrieren. Das nächste Kapitel wird die WORKING-STORAGE SECTION im Detail untersuchen und Ihnen beibringen, wie Sie verschiedene Datentypen mithilfe von PICTURE-Klauseln definieren und sie mit Stufennummern strukturieren – wesentliche Fähigkeiten für jeden COBOL-Programmierer.

Kapitel 4: Definieren und Verschieben von Daten

In Kapitel 3 haben wir die grundlegende Vier-Divisions-Struktur eines COBOL-Programms dargestellt. Sie haben gelernt, dass die DATA DIVISION für die Definition jedes Datenelements reserviert ist, das Ihr Programm manipuliert. Jetzt werden wir uns mit den praktischen Aspekten befassen, wie man das tatsächlich tut. Dieses Kapitel konzentriert sich speziell auf die WORKING-STORAGE SECTION, den internen Speicher Ihres Programms, und das wesentliche MOVE-Verb, mit dem Sie Werte in die von Ihnen definierten Datenelemente platzieren können. Die Beherrschung der Datendefinition ist in COBOL entscheidend, da sie sich direkt auf die Genauigkeit und Zuverlässigkeit Ihrer Geschäftslogik auswirkt.

Die DATA DIVISION im Detail

Zur kurzen Erinnerung: Die DATA DIVISION ist der Ort, an dem alle Programmdaten beschrieben werden, bevor sie in der PROCEDURE DIVISION verwendet werden können. Sie enthält verschiedene Sektionen für unterschiedliche Arten von Daten. Während die FILE SECTION (die wir ab Kapitel 7 untersuchen werden) Datenlayouts definiert, die externen Dateien entsprechen, konzentrieren wir uns zunächst auf die Sektion, die für interne Programmdaten verwendet wird.

WORKING-STORAGE SECTION

Stellen Sie sich die WORKING-STORAGE SECTION als die private Werkbank oder den Notizblock Ihres Programms vor. Sie enthält Daten, die zu diesem Zeitpunkt nicht direkt Teil eines Ein- oder Ausgabedatensatzes einer Datei sind. Dies beinhaltet:

- Zähler, die in Schleifen verwendet werden.
- Kennzeichen (Flags), um bestimmte Bedingungen anzuzeigen (z. B. Dateiende erreicht).
- Temporäre Variablen für Berechnungen.
- Konstanten, deren Wert sich nicht ändert.

- Datenstrukturen, die intern aufgebaut oder manipuliert werden.

Jedes Datenelement, das Ihr Programm zur Verarbeitung benötigt und das nicht direkt aus einer gelesenen Datei stammt oder nicht sofort in eine Datei geschrieben wird, gehört hierher.

```
DATA DIVISION.
* FILE SECTION würde hier stehen, wenn wir bereits Dateien verwenden
würden.
WORKING-STORAGE SECTION.
* Definitionen interner Variablen und Konstanten beginnen hier.
```

Picture-Klauseln (PIC): Beschreibung Ihrer Daten

Das grundlegendste Konzept bei der COBOL-Datendefinition ist die PICTURE-**Klausel**, üblicherweise als PIC abgekürzt. Jedes elementare Datenelement muss eine PIC-Klausel haben, die zwei Schlüsselaspekte spezifiziert: den **Typ** der Daten, die es enthalten kann, und seine **Größe**.

Hier sind die gebräuchlichsten Zeichen, die in PIC-Klauseln verwendet werden:

Zeichen	Bedeutung	Typ	Beispiel PIC	Enthält
9	Numerische Ziffer (0-9)	Numerisch	PIC 9(5)	12345, 00100
X	Alphanumerisches Zeichen	Alphanumerisch	PIC X(10)	ABC 123!@#, Bericht-10
A	Alphabetisches Zeichen oder Leerzeichen	Alphabetisch	PIC A(8)	DATEINAME, Max Mustermann (Leerz. erlaubt)
S	Operatives Vorzeichen	Numerisch	PIC S9(5)	-12345, +00100 (Vorzeichen intern gespeichert)
V	Implizites Dezimalzeichen	Numerisch	PIC 9(3)V99	Speichert 123.45 intern als 12345
.	Tatsächliches Dezimalzeichen	Numerisch-Editiert	PIC 999.99	Zum *Anzeigen* von 123.45
Z	Nullenunterdrückung	Numerisch-Editiert	PIC ZZZZ9.99	Zeigt 12.34 statt 0012.34 an

Wichtige Punkte zu PIC:

- **Wiederholungsfaktor:** Sie können Klammern verwenden, um Wiederholungen anzuzeigen. PIC 9(5) ist die Kurzform für PIC 99999. PIC X(10) bedeutet PIC XXXXXXXXXX.

- **Numerisch (9):** Kann nur Ziffern 0-9 enthalten. Wird für Berechnungen verwendet.
- **Alphabetisch (A):** Kann Buchstaben A-Z (Groß-/Kleinschreibung) und Leerzeichen enthalten. Kann nicht für Arithmetik verwendet werden.
- **Alphanumerisch (X):** Kann *jedes* Zeichen im Zeichensatz des Computers enthalten (Buchstaben, Zahlen, Symbole). Kann nicht direkt für Arithmetik verwendet werden. Dies ist der flexibelste Typ für allgemeinen Text.
- **Vorzeichenbehaftet Numerisch (S9):** Verwenden Sie S am Anfang eines numerischen PIC (z. B. PIC S9(4)), um anzuzeigen, dass das Feld positive oder negative Werte enthalten kann. Das Vorzeichen wird normalerweise effizient innerhalb der Daten gespeichert, nicht als separates Zeichen wie -.
- **Implizites Dezimalzeichen (V):** Das V teilt COBOL mit, wo sich der Dezimalpunkt für Berechnungen *logisch* befindet, aber es speichert **kein** tatsächliches Punkt (.) Zeichen. PIC 9(3)V99 definiert ein 5-stelliges numerisches Feld, bei dem die letzten beiden Ziffern als Dezimalstellen betrachtet werden (z. B. erfordert das Speichern von 123.45 den Wert 12345). Dies ist entscheidend für genaue Finanzberechnungen.
- **Editiert Numerisch (., Z, ,, $, etc.):** Diese werden verwendet, um numerische Daten für die Anzeige oder den Druck zu formatieren, indem tatsächliche Dezimalpunkte eingefügt, führende Nullen unterdrückt, Kommas oder Währungssymbole hinzugefügt werden. Daten, die mit diesen Editierzeichen definiert sind, können *nicht* direkt in arithmetischen Operationen verwendet werden. Typischerweise MOVEt man ein rein numerisches Feld (wie PIC 9(3)V99) in ein editiertes numerisches Feld (wie PIC ZZZ.99), bevor man es anzeigt.

Beispiele in WORKING-STORAGE:

```
      WORKING-STORAGE SECTION.
      01 WS-ARTIKELANZAHL    PIC 9(4)    VALUE ZERO. *> Numerischer Zähler
      01 WS-KUNDENNAME       PIC X(30).              *> Alphanumerischer Name
      01 WS-STAAT-CODE       PIC AA.                 *> Alphabetischer Code
      01 WS-KONTOSALDO       PIC S9(7)V99.           *> Vorzeichenbehaftet, 2
Dezimalst.
      01 WS-ANZEIGE-SALDO    PIC $$$$.$$$.99-.        *> Editiert für Anzeige
      01 WS-FEHLERKENNZEICHEN PIC X    VALUE 'N'. *> Einzelzeichen-
Kennzeichen
```

Stufennummern: Strukturierung Ihrer Daten

Schauen Sie sich die 01 am Anfang jeder Definitionszeile im obigen Beispiel an. Dies ist eine **Stufennummer**. Stufennummern werden verwendet, um die Hierarchie Ihrer Daten zu definieren – wie Datenelemente miteinander in Beziehung stehen.

- 01 **Stufe**: Repräsentiert die höchste Ebene für einen Datensatz oder ein eigenständiges Gruppenelement in `WORKING-STORAGE`. Ein 01-Stufen-Element kann entweder sein:
  - Ein **Elementarfeld**: Ein Datenelement, das *nicht* weiter unterteilt ist (es hat eine `PIC`-Klausel).
  - Ein **Gruppenfeld**: Ein Datenelement, das in logisch zusammenhängende kleinere Elemente unterteilt *ist*. Gruppenfelder haben selbst *keine* `PIC`-Klausel; ihre Größe und ihr Inhalt werden durch die darunter liegenden Elementarfelder bestimmt.
- **Stufen** 02 **bis** 49: Werden verwendet, um untergeordnete Datenelemente innerhalb eines Gruppenfeldes zu definieren. Höhere Nummern zeigen niedrigere Ebenen in der Hierarchie an. Sie müssen Nummern verwenden, die größer sind als die Stufennummer des Gruppenfeldes, zu dem sie gehören (z. B. sind 03-Elemente Teil eines 02-Elements, das Teil eines 01-Elements ist). Konsistenz (z. B. die Verwendung von Schritten von 2 oder 5 wie 05, 10, 15) ist gängige Praxis zur Lesbarkeit, aber nicht zwingend erforderlich.

Beispiel für ein Gruppenfeld:

```
WORKING-STORAGE SECTION.
01 WS-MITARBEITERDATENSATZ.
   05 WS-MITARBEITER-ID      PIC 9(7).
   05 WS-MITARBEITERNAME.
      10 WS-NACHNAME       PIC X(20).
      10 WS-VORNAME        PIC X(15).
   05 WS-EINSTELLUNGSDATUM.
      10 WS-EINST-JAHR     PIC 9(4).
      10 WS-EINST-MONAT    PIC 99.
      10 WS-EINST-TAG      PIC 99.
   05 WS-STUNDENSATZ        PIC 9(3)V99.
```

In diesem Beispiel:

- `WS-MITARBEITERDATENSATZ` ist ein Gruppenfeld der Stufe 01.
- `WS-MITARBEITER-ID`, `WS-MITARBEITERNAME`, `WS-EINSTELLUNGSDATUM` und `WS-STUNDENSATZ` sind Elemente der Stufe 05, die `WS-MITARBEITERDATENSATZ` untergeordnet sind.
- `WS-MITARBEITER-ID` und `WS-STUNDENSATZ` sind Elementarfelder (sie haben `PIC`-Klauseln).
- `WS-MITARBEITERNAME` und `WS-EINSTELLUNGSDATUM` sind *ebenfalls* Gruppenfelder, die weiter in Elementarfelder der Stufe 10 unterteilt sind. Sie können sich auf das gesamte `WS-MITARBEITERNAME` oder nur auf `WS-NACHNAME` beziehen.

Spezielle Stufennummern:

- **77 Stufe:** In älterem COBOL-Code (vor COBOL 85) wurde die Stufe 77 in `WORKING-STORAGE` verwendet, um unabhängige Elementarfelder zu definieren (Elemente, die nicht Teil einer Gruppe sind). Obwohl immer noch gültig, bevorzugt die moderne Praxis oft die Verwendung von `01`-Stufen auch für eigenständige Elementarfelder aus Konsistenzgründen. Sie werden wahrscheinlich auf 77-Stufen stoßen, wenn Sie ältere Programme warten.

```
        77 WS-GESAMTANZAHL        PIC 9(5) VALUE 0. *> Eigenständiges
Element im älteren Stil
```

- **88 Stufe:** Definiert **Bedingungsnamen (Condition Names)**. Dies sind keine Datenspeicherelemente selbst, sondern assoziieren einen Namen mit einem spezifischen Wert (oder Wertebereich), den ein Datenelement annehmen kann. Sie machen `IF`-Anweisungen viel lesbarer. Wir werden diese in Kapitel 11 ausführlich behandeln.

```
    01 WS-TRANSAKTIONSCODE PIC XX.
        88 GUELTIGER-CODE VALUE 'AA' 'BB' 'CC'. *> Bedingungsname
* Spätere Verwendung: IF GUELTIGER-CODE... statt IF WS-TRANSAKTIONSCODE
= 'AA' OR ...
```

Das MOVE-Verb: Werte zuweisen

Nachdem Sie nun wissen, wie Sie Speicherplatz für Daten definieren, wie bringen Sie Werte hinein? Der grundlegendste Weg ist das `MOVE`-Verb. Es kopiert Daten von einem Quellspeicherort zu einem Zielspeicherort.

Syntax:

```
    MOVE quell-element TO ziel-element.
```

- `quell-element`: Kann ein Literal (ein fester Wert wie "ABC" oder 123), ein anderes in der `DATA DIVISION` definiertes Datenelement oder bestimmte Sonderregister (wie ZERO, SPACE) sein.
- `ziel-element`: Muss ein in der `DATA DIVISION` definiertes Datenelement sein.

Beispiele:

```
    WORKING-STORAGE SECTION.
    01 WS-MATRIKELNUMMER    PIC 9(7).
    01 WS-STUDENTENNAME     PIC X(25).
    01 WS-KURS-CODE         PIC X(8)    VALUE SPACES. *> Mit Leerzeichen
initialisieren
```

```
       01 WS-PUNKTE              PIC 9(3)    VALUE ZERO.   *> Mit Null
initialisieren
       01 WS-TEMP-NAME           PIC X(25).

       PROCEDURE DIVISION.
       DATEN-VERARBEITEN.
     *-- Literale in Variablen verschieben
           MOVE 1234567 TO WS-MATRIKELNUMMER.
           MOVE "Jane Doe" TO WS-STUDENTENNAME. *> Name geändert für Beispiel

     *-- Eine Variable in eine andere verschieben
           MOVE WS-STUDENTENNAME TO WS-TEMP-NAME.

     *-- Figurative Konstanten (spezielle COBOL-Wörter) verschieben
           MOVE "CSCI-101" TO WS-KURS-CODE.
           MOVE 3 TO WS-PUNKTE.

     *-- Ergebnisse anzeigen, um den Effekt zu sehen
           DISPLAY "ID: " WS-MATRIKELNUMMER.
           DISPLAY "Name: " WS-STUDENTENNAME.
           DISPLAY "Temp Name: " WS-TEMP-NAME.
           DISPLAY "Kurs: " WS-KURS-CODE.
           DISPLAY "Punkte: " WS-PUNKTE.

           STOP RUN.
```

Erwartete Ausgabe (von DISPLAY-Anweisungen):

```
ID: 1234567
Name: Jane Doe
Temp Name: Jane Doe
Kurs: CSCI-101
Punkte: 003
```

(Hinweis: Das Ausgabeformat von WS-PUNKTE *zeigt führende Nullen, da sein PIC* 9(3) *ist)*

Wichtige Überlegungen zu MOVE:

- **Datentypkompatibilität:** COBOL versucht hilfreich zu sein, hat aber Regeln.
  - Verschieben numerischer Daten (PIC 9) nach alphanumerisch (PIC X): Funktioniert normalerweise, die Zahl wird als Zeichen behandelt.
  - Verschieben alphanumerischer Daten (PIC X) nach numerisch (PIC 9): **Gefährlich!** Wenn das PIC X-Feld nicht-numerische Zeichen enthält, verursacht dies wahrscheinlich einen Laufzeitfehler (eine Datenexception oder S0C7-Abend auf Mainframes). Verschieben Sie PIC X-Daten nur nach PIC 9, wenn Sie sicher sind, dass sie nur Ziffern enthalten.

- Verschieben zwischen numerischen Typen (z. B. `PIC 9(3)V99` nach `PIC 9(5)V99`): COBOL behandelt die Dezimalausrichtung basierend auf dem `V`.
- **Größenunterschiede (Alphanumerisch):**
  - Wenn die Quelle *kürzer* als das Ziel ist (`PIC X(5)` nach `PIC X(10)`), wird das Ziel rechts **mit Leerzeichen aufgefüllt**.
  - Wenn die Quelle *länger* als das Ziel ist (`PIC X(10)` nach `PIC X(5)`), werden die Daten rechts **abgeschnitten**.
- **Größenunterschiede (Numerisch):** COBOL richtet Zahlen basierend auf dem (möglicherweise impliziten) Dezimalpunkt aus. Ziffern können links oder rechts abgeschnitten werden, wenn das Ziel zu klein ist, was potenziell zu einem Verlust signifikanter Daten führt. Die Verwendung der `ON SIZE ERROR`-Phrase mit arithmetischen Verben (Kapitel 5) ist entscheidend für die Handhabung potenzieller Überläufe.

Literale vs. Variablen

Es ist wichtig, zwischen diesen beiden zu unterscheiden:

- **Literale:** Dies sind feste Werte, die direkt in Ihren `PROCEDURE DIVISION`-Code geschrieben werden.
  - **Numerische Literale:** `100`, `0`, `-25`, `3.14159`. Sie verwenden keine Anführungszeichen.
  - **Nicht-numerische (Alphanumerische) Literale:** `"Hallo, Welt!"`, `'Berichtstitel'`, `"Hauptstr. 123"`. Sie *müssen* entweder in doppelte (`"`) oder einfache (`'`) Anführungszeichen eingeschlossen sein. Konsistenz wird innerhalb eines Programms empfohlen.
- **Variablen:** Dies sind die benannten Datenelemente, die Sie in der `DATA DIVISION` definieren (z. B. `WS-KUNDENNAME`, `WS-ZAEHLER`). Ihre Werte können durch `MOVE`-Anweisungen, arithmetische Operationen oder das Lesen von Daten aus Dateien geändert werden. Sie sind Speicherorte.

Sie `MOVE`n Literale *in* Variablen oder `MOVE`n den Inhalt einer Variablen *in* eine andere.

Zusammenfassung des Kapitels

Dieses Kapitel tauchte in das Herz der Datendefinition in COBOL ein. Sie lernten die unverzichtbare `WORKING-STORAGE SECTION` kennen, in der interne Programmdaten gespeichert werden. Wir untersuchten die kritische `PICTURE` (`PIC`)-Klausel und verstanden, wie `9`, `X`, `A`, `S` und `V` den Typ und die Größe von elementaren Datenelementen definieren. Sie sahen, wie Stufennummern (`01` bis `49`) hierarchische Datenstrukturen erstellen und verwandte Daten in Gruppen organisieren. Schließlich führten wir das grundlegende `MOVE`-Verb zur Zuweisung von Werten ein, diskutierten, wie es mit verschiedenen Datentypen und Größen umgeht, und klärten den Unterschied zwischen festen Literalen und veränderbaren Variablen.

Sie besitzen nun das grundlegende Wissen, um Basisdaten innerhalb eines COBOL-Programms zu definieren und zu manipulieren. Der nächste logische Schritt ist die Durchführung von Berechnungen. Kapitel 5 wird die Kernarithmetikverben (`ADD`, `SUBTRACT`, `MULTIPLY`, `DIVIDE`) und die vielseitige `COMPUTE`-Anweisung vorstellen, die es Ihnen ermöglichen, mit der Verarbeitung der numerischen Daten zu beginnen, die Sie nun definieren können.

Kapitel 5: Durchführung grundlegender Arithmetik

In Kapitel 4 haben Sie die wesentlichen Fähigkeiten erlernt, Datenelemente in der WORKING-STORAGE SECTION zu definieren und Anfangswerte zuzuweisen oder Daten mithilfe des MOVE-Verbs zu kopieren. Das Definieren und Verschieben von Daten ist fundamental, aber die wahre Stärke des Rechnens liegt in der Manipulation dieser Daten, insbesondere in der Durchführung von Berechnungen. Geschäftsanwendungen müssen ständig Summen, Prozentsätze, Differenzen und mehr berechnen. Dieses Kapitel stellt die COBOL-Verben vor, die speziell für arithmetische Operationen entwickelt wurden und es Ihren Programmen ermöglichen, diese entscheidenden Berechnungen durchzuführen.

Kernarithmetikverben

COBOL bietet vier einfache Verben für die Grundrechenarten: ADD, SUBTRACT, MULTIPLY und DIVIDE. Diese Verben haben oft zwei Hauptformen: eine, die ein vorhandenes Datenelement modifiziert, und eine, die das Ergebnis in einem separaten, eindeutigen Datenelement speichert. Schauen wir uns jede einzelne an.

1. ADD

Das ADD-Verb führt Additionen durch.

- ADD...TO: Addiert einen oder mehrere numerische Werte *zu* einer anderen numerischen Variablen und ändert den Wert der Zielvariablen.
- ADD...GIVING: Addiert zwei oder mehrere numerische Werte und speichert das Ergebnis in einer separaten Variablen (oder Variablen), wobei die ursprünglichen Operanden unverändert bleiben.

```
WORKING-STORAGE SECTION.
01 WS-UMSATZ-GESAMT     PIC 9(7)V99 VALUE 1500.50.
01 WS-AKTUELLER-VERKAUF PIC 9(5)V99 VALUE  250.25.
01 WS-PRAEMIE           PIC 9(5)V99 VALUE  100.00.
```

```
01 WS-BRUTTOGEHALT          PIC 9(7)V99.
01 WS-PROVISION             PIC 9(7)V99.

PROCEDURE DIVISION.
GEHALT-BERECHNEN.
*-- Verwendung von ADD...TO
    DISPLAY "Initialer Umsatz Gesamt: " WS-UMSATZ-GESAMT.
    ADD WS-AKTUELLER-VERKAUF TO WS-UMSATZ-GESAMT.
    DISPLAY "Aktualisierter Umsatz Gesamt: " WS-UMSATZ-GESAMT.

*-- Verwendung von ADD...GIVING
    ADD WS-UMSATZ-GESAMT WS-PRAEMIE GIVING WS-BRUTTOGEHALT.
    DISPLAY "Bruttogehalt: " WS-BRUTTOGEHALT.
    DISPLAY "Umsatz Gesamt (unverändert durch GIVING): " WS-UMSATZ-
GESAMT.

*-- Addition mehrerer Elemente mit GIVING
    ADD WS-AKTUELLER-VERKAUF WS-PRAEMIE GIVING WS-PROVISION.
    DISPLAY "Provision: " WS-PROVISION.

    STOP RUN.
```

Erwartete Ausgabe:

```
Initialer Umsatz Gesamt: 001500.50
Aktualisierter Umsatz Gesamt: 001750.75
Bruttogehalt: 001850.75
Umsatz Gesamt (unverändert durch GIVING): 001750.75
Provision: 000350.25
```

2. SUBTRACT

Das SUBTRACT-Verb führt Subtraktionen durch.

- SUBTRACT...FROM: Subtrahiert einen oder mehrere numerische Werte *von* einer anderen numerischen Variablen und ändert den Wert der Zielvariablen.
- SUBTRACT...FROM...GIVING: Subtrahiert einen numerischen Wert *von* einem anderen und speichert das Ergebnis in einer separaten Variablen.

```
WORKING-STORAGE SECTION.
01 WS-LAGERBESTAND          PIC 9(5) VALUE 1000.
01 WS-VERKAUFTE-EINHEITEN PIC 9(3) VALUE  150.
01 WS-RETOUREN-EINHEITEN  PIC 9(3) VALUE   25.
01 WS-NETTO-VERKAUF         PIC 9(4).
01 WS-RESTBESTAND           PIC 9(5).
```

```
      PROCEDURE DIVISION.
      LAGERBESTAND-AKTUALISIEREN.
   *-- Verwendung von SUBTRACT...FROM
          DISPLAY "Initialer Lagerbestand: " WS-LAGERBESTAND.
          SUBTRACT WS-VERKAUFTE-EINHEITEN FROM WS-LAGERBESTAND.
          DISPLAY "Lagerbestand nach Verkäufen: " WS-LAGERBESTAND.
          *> Hinweis: ADD könnte für Retouren verwendet werden, aber zur Demo
SUBTRACT FROM:
          MOVE 25 TO WS-RETOUREN-EINHEITEN. *> Sicherstellen, dass Wert gesetzt
ist
          ADD WS-RETOUREN-EINHEITEN TO WS-LAGERBESTAND. *> Retouren wieder
hinzufügen
          DISPLAY "Lagerbestand nach Retouren: " WS-LAGERBESTAND.

   *-- Verwendung von SUBTRACT...FROM...GIVING
          SUBTRACT WS-RETOUREN-EINHEITEN FROM WS-VERKAUFTE-EINHEITEN
              GIVING WS-NETTO-VERKAUF.
          DISPLAY "Verkaufte Einheiten: " WS-VERKAUFTE-EINHEITEN.
          DISPLAY "Netto verkaufte Einheiten: " WS-NETTO-VERKAUF.

   *-- Demonstration, dass GIVING die Originalvariable unverändert lässt
          SUBTRACT WS-NETTO-VERKAUF FROM 1000 *> Verwendung einer literalen
Quelle
              GIVING WS-RESTBESTAND.
          DISPLAY "Berechneter Restbestand: " WS-RESTBESTAND.

          STOP RUN.
```

Erwartete Ausgabe:

```
Initialer Lagerbestand: 01000
Lagerbestand nach Verkäufen: 00850
Lagerbestand nach Retouren: 00875
Verkaufte Einheiten: 150
Netto verkaufte Einheiten: 0125
Berechneter Restbestand: 00875
```

3. MULTIPLY

Das MULTIPLY-Verb führt Multiplikationen durch.

- MULTIPLY...BY: Multipliziert eine numerische Variable *mit* einem anderen numerischen Wert und ändert die Zielvariable.
- MULTIPLY...BY...GIVING: Multipliziert zwei numerische Werte und speichert das Ergebnis in einer separaten Variablen.

```
WORKING-STORAGE SECTION.
01 WS-EINHEITSPREIS      PIC 9(4)V99 VALUE 19.95.
01 WS-MENGE              PIC 9(3)    VALUE  10.
01 WS-STEUERSATZ         PIC 9V999   VALUE 0.075. *> Steuersatz 7,5%
01 WS-ZWISCHENSUMME      PIC 9(6)V99.
01 WS-UMSATZSTEUER       PIC 9(5)V99.


PROCEDURE DIVISION.
KOSTEN-BERECHNEN.
*-- Verwendung von MULTIPLY...BY...GIVING
    MULTIPLY WS-EINHEITSPREIS BY WS-MENGE GIVING WS-ZWISCHENSUMME.
    DISPLAY "Zwischensumme: " WS-ZWISCHENSUMME.

*-- Verwendung des Ergebnisses in einer anderen Berechnung
    MULTIPLY WS-ZWISCHENSUMME BY WS-STEUERSATZ GIVING WS-UMSATZSTEUER.
    DISPLAY "Umsatzsteuer: " WS-UMSATZSTEUER.


    *-- Beispiel für MULTIPLY...BY (weniger gebräuchlich für primäre
Berechnungen)
    DISPLAY "Ursprüngliche Menge: " WS-MENGE.
    MULTIPLY 2 BY WS-MENGE. *> Menge verdoppeln
    DISPLAY "Aktualisierte Menge: " WS-MENGE.

    STOP RUN.
```

Erwartete Ausgabe:

```
Zwischensumme: 000199.50
Umsatzsteuer: 00014.96  *> Hinweis: Ergebnis kann je nach PIC
abgeschnitten/gerundet sein
Ursprüngliche Menge: 010
Aktualisierte Menge: 020
```

Wichtiger Hinweis zur Ausgabe von MULTIPLY...BY...GIVING*:* Die Berechnung 199.50 * 0.075 ergibt 14.9625. Da WS-UMSATZSTEUER als PIC 9(5)V99 (zwei Dezimalstellen) definiert ist, schneidet COBOL die zusätzlichen Dezimalstellen ab, was zu 14.96 führt. Wie wir das Runden handhaben, sehen wir später.

4. DIVIDE

Das DIVIDE-Verb führt Divisionen durch. Es hat mehrere Formen, um Quotienten und Reste zu handhaben.

- DIVIDE...INTO: Dividiert eine numerische Variable *in* eine andere und ändert den Dividenden.

- DIVIDE...INTO...GIVING: Dividiert einen numerischen Wert *in* einen anderen und speichert den Quotienten in einer separaten Variablen.
- DIVIDE...BY...GIVING: Dividiert einen numerischen Wert *durch* einen anderen und speichert den Quotienten in einer separaten Variablen. (Oft natürlicher zu lesen).
- REMAINDER-**Klausel**: Kann zu GIVING-Formen hinzugefügt werden, um den Rest der Division zu erfassen.

```
WORKING-STORAGE SECTION.
01 WS-GESAMTKOSTEN        PIC 9(6)V99 VALUE 150.75.
01 WS-ANZAHL-ARTIKEL      PIC 9(3)    VALUE  12.
01 WS-DURCHSCHNITTSKOSTEN PIC 9(4)V99.
01 WS-ARTIKEL-PRO-KARTON  PIC 9(3)    VALUE   5.
01 WS-VOLLE-KARTONS       PIC 9(4).
01 WS-VERBLEIBENDE-ARTIKEL PIC 9(3).


PROCEDURE DIVISION.
DURCHSCHNITTE-BERECHNEN.
*-- Verwendung von DIVIDE...BY...GIVING (gebräuchliche Form)
    DISPLAY "Gesamtkosten: " WS-GESAMTKOSTEN.
    DISPLAY "Anzahl Artikel: " WS-ANZAHL-ARTIKEL.
    DIVIDE WS-GESAMTKOSTEN BY WS-ANZAHL-ARTIKEL
        GIVING WS-DURCHSCHNITTSKOSTEN.
    DISPLAY "Durchschnittskosten pro Artikel: " WS-DURCHSCHNITTSKOSTEN.
*> 12.5625 abgeschnitten

    *-- Verwendung von DIVIDE...INTO...GIVING mit REMAINDER
    DISPLAY "Gesamtanzahl Artikel zum Verpacken: " WS-ANZAHL-ARTIKEL.
    DISPLAY "Artikel pro Karton: " WS-ARTIKEL-PRO-KARTON.
    DIVIDE WS-ANZAHL-ARTIKEL BY WS-ARTIKEL-PRO-KARTON *> Korrigiert von
INTO zu BY für Logik
        GIVING WS-VOLLE-KARTONS REMAINDER WS-VERBLEIBENDE-ARTIKEL.
    DISPLAY "Volle Kartons: " WS-VOLLE-KARTONS.
    DISPLAY "Verbleibende Artikel: " WS-VERBLEIBENDE-ARTIKEL.

    *-- Beispiel für DIVIDE...INTO (ändert den Dividenden)
        *> MOVE 100.00 TO WS-GESAMTKOSTEN. *> Wert zurücksetzen für Demo
        *> MOVE 4 TO WS-ANZAHL-ARTIKEL. *> Einfache Zahlen verwenden
        *> DIVIDE WS-ANZAHL-ARTIKEL INTO WS-GESAMTKOSTEN. *> WS-GESAMTKOSTEN
wird 25.00
        *> DISPLAY "Ergebnis von DIVIDE INTO: " WS-GESAMTKOSTEN.

    STOP RUN.
```

Erwartete Ausgabe:

```
Gesamtkosten: 000150.75
Anzahl Artikel: 012
Durchschnittskosten pro Artikel: 0012.56
Gesamtanzahl Artikel zum Verpacken: 012
Artikel pro Karton: 005
Volle Kartons: 0002
Verbleibende Artikel: 002
```

(Korrektur im Beispielcode und Kommentar: Die Logik für Kartons/Rest sollte DIVIDE WS-ANZAHL-ARTIKEL BY WS-ARTIKEL-PRO-KARTON ... *sein, nicht* INTO. *Die ursprüngliche Logik hätte versucht, 5 durch 12 zu teilen.)*

Das COMPUTE-Verb

Während die vier Grundverben für einfache Operationen klar sind, können sie für komplexere Formeln umständlich werden. Das COMPUTE-Verb bietet eine eher algebraische Möglichkeit, Berechnungen auszudrücken.

Syntax:

```
COMPUTE ziel-variable [ROUNDED] = arithmetischer-ausdruck
    [ON SIZE ERROR imperative-anweisung-1]
    [NOT ON SIZE ERROR imperative-anweisung-2]
[END-COMPUTE]
```

- ziel-variable: Das numerische Datenelement, in dem das Ergebnis gespeichert wird.
- ROUNDED: Optionale Klausel zum Runden des Ergebnisses gemäß der PIC-Definition der Zielvariablen anstelle des Abschneidens.
- arithmetischer-ausdruck: Eine Formel unter Verwendung von Datenelementen, Literalen und Standardarithmetikoperatoren:
  - + (Addition)
  - - (Subtraktion)
  - * (Multiplikation)
  - / (Division)
  - ** (Potenzierung)
- Klammern () können verwendet werden, um die Reihenfolge der Operationen zu steuern, genau wie in der Standardmathematik. Multiplikation und Division werden vor Addition und Subtraktion durchgeführt, es sei denn, Klammern schreiben etwas anderes vor.

Beispiel mit COMPUTE:

```
      WORKING-STORAGE SECTION.
      01 WS-HAUPTBETRAG      PIC 9(7)V99 VALUE 10000.00.
      01 WS-ZINSSATZ         PIC 9V9999  VALUE 0.05.   *> 5% Jahreszins
      01 WS-JAHRE            PIC 99       VALUE 3.
      01 WS-ZINSEN           PIC 9(7)V99.
      01 WS-ENDWERT          PIC 9(8)V99.
      01 WS-FLAECHE          PIC 9(5)V99.
      01 WS-LAENGE           PIC 9(3)V99 VALUE 10.50.
      01 WS-BREITE           PIC 9(3)V99 VALUE  5.25.


      PROCEDURE DIVISION.
      BERECHNUNGEN-DURCHFUEHREN.
   *-- Einfache Zinsberechnung K * Z * J
          COMPUTE WS-ZINSEN = WS-HAUPTBETRAG * WS-ZINSSATZ * WS-JAHRE.
          DISPLAY "Einfache Zinsen: " WS-ZINSEN.


   *-- Flächenberechnung L * B
          COMPUTE WS-FLAECHE ROUNDED = WS-LAENGE * WS-BREITE.
          DISPLAY "Fläche (Länge * Breite): " WS-FLAECHE. *> 10.50 * 5.25 =
55.125, gerundet auf 55.13


   *-- Endwert mit Potenzierung (EW = K * (1 + Z)^J ) - vereinfacht
          *> Dies erfordert normalerweise eine sorgfältige Definition von
Zwischenfeldern
          *> Zu Demonstrationszwecken:
          COMPUTE WS-ENDWERT = WS-HAUPTBETRAG * ( (1 + WS-ZINSSATZ) ** WS-JAHRE
).

          DISPLAY "Ungefährer Endwert: " WS-ENDWERT.

          STOP RUN.
```

Erwartete Ausgabe:

```
Einfache Zinsen: 001500.00
Fläche (Länge * Breite): 00055.13
Ungefährer Endwert: 011576.25
```

COMPUTE wird oft für komplexe Berechnungen bevorzugt, da es lesbarer ist und der
Standardnotation der Mathematik ähnelt.

Handhabung von Ergebnissen: GIVING, ROUNDED und ON SIZE ERROR

Wie COBOL das Ergebnis einer arithmetischen Operation behandelt, ist entscheidend.

- TO vs. GIVING: Wie bei den Grundverben gesehen, modifiziert TO (oder FROM, BY ohne GIVING) einen der Operanden. GIVING speichert das Ergebnis immer in einem separaten, angegebenen Datenelement und lässt die ursprünglichen Operanden unberührt. Die Verwendung von GIVING führt oft zu klarerem Code, da die Quellwerte nach der Operation unverändert bleiben.
- ROUNDED: Standardmäßig **schneidet** COBOL zusätzliche Ziffern **ab** (truncates), wenn eine Berechnung mehr Dezimalstellen erzeugt, als die PIC-Klausel des Empfangsfeldes zulässt. Wenn Sie Standardrundung wünschen (0,5 und höher rundet auf, unter 0,5 rundet ab), fügen Sie das Schlüsselwort ROUNDED nach dem Namen des Empfangsfeldes in GIVING-Klauseln oder COMPUTE hinzu.

```
COMPUTE WS-FELD-A ROUNDED = WS-FELD-B / WS-FELD-C.
ADD WS-X TO WS-Y GIVING WS-Z ROUNDED.
```

- ON SIZE ERROR: Dies ist eine entscheidende Klausel zum Schreiben robuster Programme. Sie ermöglicht es Ihnen, Code anzugeben, der ausgeführt werden soll, wenn das Ergebnis einer arithmetischen Operation zu groß ist, um in das Empfangsfeld zu passen (ein Überlauf), oder wenn eine ungültige Operation auftritt (wie Division durch Null). Ohne ON SIZE ERROR führen diese Situationen oft zur Programmbeendigung (Abend) oder zu unvorhersehbaren Ergebnissen.

```
WORKING-STORAGE SECTION.
01 WS-GROSSE-ZAHL      PIC 9(5) VALUE 80000.
01 WS-ADDITIONSWERT    PIC 9(3) VALUE 500.
01 WS-ERGEBNIS         PIC 9(5). *> Kann bis zu 99999 aufnehmen
01 WS-DIVIDEND         PIC 9(4) VALUE 1000.
01 WS-DIVISOR          PIC 9(2) VALUE 0.
01 WS-QUOTIENT         PIC 9(4).
01 WS-FEHLERMELDUNG    PIC X(35). *> Angepasst auf Meldungslänge

PROCEDURE DIVISION.
GROESSENFEHLER-TESTEN.
*-- Teste Überlauf bei ADD
    ADD WS-GROSSE-ZAHL WS-ADDITIONSWERT GIVING WS-ERGEBNIS *> Korrigiert:
GIVING braucht 2 Operanden ODER TO
        ON SIZE ERROR
            MOVE 'FEHLER: Additionsergebnis zu gross' TO WS-FEHLERMELDUNG
```

```
                        DISPLAY WS-FEHLERMELDUNG
                NOT ON SIZE ERROR
                        DISPLAY "Additions Ergebnis: " WS-ERGEBNIS
            END-ADD. *> Verwende Bereichsabgrenzer


        *-- Teste Division durch Null mit COMPUTE
            COMPUTE WS-QUOTIENT = WS-DIVIDEND / WS-DIVISOR
                ON SIZE ERROR
                    MOVE 'FEHLER: Division durch Null versucht' TO WS-
FEHLERMELDUNG
                        DISPLAY WS-FEHLERMELDUNG
                NOT ON SIZE ERROR
                        DISPLAY "Divisions Ergebnis: " WS-QUOTIENT
            END-COMPUTE. *> Verwende Bereichsabgrenzer


            STOP RUN.
```

(Korrektur im Beispielcode: `ADD ... TO ... GIVING` *ist keine Standard-COBOL-Syntax. Es sollte entweder* `ADD A B GIVING C` *oder* `ADD A TO B` *sein. Das Beispiel wurde zu* `ADD WS-GROSSE-ZAHL WS-ADDITIONSWERT GIVING WS-ERGEBNIS` *korrigiert, um die* `GIVING`*-Syntax zu demonstrieren. Die Fehlermeldung wurde leicht angepasst.)*

Erwartete Ausgabe:

```
 FEHLER: Additionsergebnis zu gross
 FEHLER: Division durch Null versucht
```


Erwägen Sie immer die Verwendung von `ON SIZE ERROR` für Berechnungen, bei denen Überläufe oder ungültige Operationen möglich sind (was in realen Szenarien bei den meisten der Fall ist!). Die `NOT ON SIZE ERROR`-Klausel ermöglicht es Ihnen, Code anzugeben, der nur ausgeführt wird, wenn die Berechnung erfolgreich war. Die Verwendung von Bereichsabgrenzern wie `END-ADD` und `END-COMPUTE` (eingeführt in COBOL 85) ist empfohlene Praxis, insbesondere bei verschachtelter Logik.

Numerische Datentypen erneut betrachtet (`USAGE`-**Klausel**)

In Kapitel 4 konzentrierten wir uns auf die `PIC`-Klausel (`9`, `S`, `V`), um die *logischen* Eigenschaften numerischer Daten (Ziffern, Vorzeichen, Dezimalposition) zu definieren. COBOL hat auch eine `USAGE`-Klausel, die das *interne Speicherformat* von Datenelementen spezifiziert. Obwohl die Standardeinstellung oft gut funktioniert, kann das Verständnis von `USAGE` für Leistung und Interoperabilität wichtig sein.

- **USAGE IS DISPLAY (Standard):** Speichert numerische Daten als Standardzeichen (wie ASCII oder EBCDIC, je nach System), ein Byte pro Ziffer. Zum Beispiel würde PIC 9(3) VALUE 123 wahrscheinlich 3 Bytes belegen und die Zeichencodes für '1', '2' und '3' speichern. Dies ist portabel und in Speicherabbildern leicht zu lesen, aber weniger effizient für Berechnungen. Wenn Sie die USAGE-Klausel weglassen, wird DISPLAY angenommen.
- **USAGE IS COMPUTATIONAL (oder COMP):** Weist den Compiler an, die numerischen Daten in einem Format zu speichern, das für Arithmetik auf der spezifischen Hardware/dem Betriebssystem optimiert ist, typischerweise ein binäres Format. PIC S9(4) USAGE IS COMP könnte einen Wert wie 1000 in nur 2 Bytes als binäre Ganzzahl speichern, anstatt 4 Bytes als Zeichen. Berechnungen mit COMP-Feldern sind normalerweise deutlich schneller als mit DISPLAY-Feldern, da der Prozessor direkt mit binären Darstellungen arbeitet.
- **Andere USAGE-Typen:** Es gibt Variationen wie COMP-1, COMP-2 (oft Gleitkomma), COMP-3 (gepackt dezimal - häufig auf Mainframes, speichert zwei Ziffern pro Byte), BINARY, PACKED-DECIMAL. Die Besonderheiten variieren stark zwischen Compilern und Plattformen.

Beispieldefinition:

```
        WORKING-STORAGE SECTION.
        01 WS-ZAEHLER              PIC S9(9) USAGE IS COMPUTATIONAL. *> Effizient
binär
        01 WS-BERICHTSUMME         PIC S9(7)V99 USAGE IS PACKED-DECIMAL. *>
Mainframe-Stil
        01 WS-KUNDEN-ID            PIC 9(7). *> Implizit USAGE IS DISPLAY
```

Wann welche verwenden:

- Für einfache Zähler oder Zwischenwerte, die stark in Berechnungen verwendet werden, bei denen die Leistung eine Rolle spielen könnte, kann USAGE IS COMPUTATIONAL (oder COMP) vorteilhaft sein.
- Daten, die zur Anzeige oder zur direkten Schnittstelle mit zeichenbasierten Systemen (wie einfachen Textdateien) bestimmt sind, sollten im Allgemeinen die Standardeinstellung USAGE IS DISPLAY verwenden.
- COMP-3 / PACKED-DECIMAL ist in Mainframe-Umgebungen sehr verbreitet, um Speichereffizienz und einfache Berechnung für Dezimalarithmetik auszugleichen.
- **Empfehlung für Anfänger:** Bleiben Sie zunächst bei der Standardeinstellung (USAGE IS DISPLAY). Erkunden Sie andere USAGE-Typen nur, wenn Sie auf spezifische Leistungsengpässe stoßen oder vorhandene Datenformate abgleichen müssen (insbesondere bei der Mainframe-Wartung).

Zusammenfassung des Kapitels

In diesem Kapitel haben wir Ihre Programme von der reinen Datenspeicherung zur aktiven Datenverarbeitung weiterentwickelt. Sie haben die Kernarithmetikverben gelernt: ADD, SUBTRACT, MULTIPLY und DIVIDE, und den Unterschied zwischen der Modifikation vorhandener Variablen (TO, FROM, BY) und der separaten Speicherung von Ergebnissen (GIVING) verstanden. Wir haben das leistungsstarke COMPUTE-Verb für das natürlichere Schreiben komplexer Ausdrücke eingeführt. Entscheidend ist, dass Sie gesehen haben, wie potenzielle Probleme mithilfe von ROUNDED für bessere Genauigkeit und ON SIZE ERROR zum Abfangen von Überläufen und ungültigen Operationen behandelt werden. Wir haben auch kurz numerische Datentypen wiederholt und die USAGE-Klausel (DISPLAY, COMPUTATIONAL) zur Steuerung interner Speicherformate eingeführt.

Sie können nun Daten definieren, verschieben und Berechnungen durchführen. Programme werden jedoch selten geradlinig ausgeführt. Sie müssen Entscheidungen treffen und Aktionen wiederholen. Kapitel 6 wird die wesentlichen Konzepte der Programmablaufsteuerung vorstellen, einschließlich bedingter Logik mit IF und EVALUATE sowie Schleifenkonstrukte unter Verwendung des vielseitigen PERFORM-Verbs.

Kapitel 6: Steuerung des Programmablaufs

Im vorherigen Kapitel haben wir Ihre COBOL-Programme mit der Fähigkeit ausgestattet, Arithmetik mithilfe von Verben wie ADD, SUBTRACT, MULTIPLY, DIVIDE und dem vielseitigen COMPUTE durchzuführen. Sie können jetzt Zahlen verarbeiten! Reale Anwendungen führen Berechnungen jedoch selten in einer einfachen, geraden Linie von oben nach unten aus. Sie müssen Entscheidungen basierend auf Daten treffen, unterschiedliche Ausführungspfade wählen und Aufgaben mehrmals wiederholen. Dieses Kapitel stellt die fundamentalen COBOL-Konstrukte vor, die es Ihnen ermöglichen, den **Ausführungsablauf** innerhalb Ihrer PROCEDURE DIVISION zu steuern, sodass Ihre Programme dynamisch auf unterschiedliche Situationen reagieren können.

Sequentielle Ausführung

Standardmäßig führt COBOL Anweisungen in der PROCEDURE DIVISION sequentiell aus, eine nach der anderen, in der Reihenfolge, in der sie in Ihrem Code erscheinen. Wenn Sie haben:

```
PROCEDURE DIVISION.
VERARBEITUNG-STARTEN.
    MOVE 10 TO WS-A.
    MOVE 20 TO WS-B.
    ADD WS-A WS-B GIVING WS-C. *> Angepasst an korrekte ADD-Syntax
    DISPLAY "Ergebnis ist: " WS-C.
    STOP RUN.
```

(Code angepasst für korrekte ADD...GIVING *Syntax)*

COBOL führt den MOVE zu WS-A, dann den MOVE zu WS-B, dann das ADD, dann das DISPLAY und schließlich das STOP RUN genau in dieser Reihenfolge aus. Dies ist die Grundlage, aber sie ist oft zu simpel.

Bedingte Logik: Die IF-Anweisung

Der Eckpfeiler der Entscheidungsfindung in COBOL (und den meisten Programmier-sprachen) ist die IF-Anweisung. Sie ermöglicht es Ihrem Programm, einen Codeblock *nur dann* auszuführen, wenn eine bestimmte Bedingung wahr ist.

Grundstruktur:

```
IF bedingung-ist-wahr THEN
    *> Anweisungen, die ausgeführt werden, wenn die Bedingung WAHR ist
    anweisung-1
    anweisung-2
    ...
END-IF *> COBOL 85 Bereichsabgrenzer - SEHR empfohlen!
```

- bedingung-ist-wahr: Dies ist ein Ausdruck, der entweder als wahr oder falsch ausgewertet wird. Übliche Bedingungen beinhalten den Vergleich von Datenelementen:
  - = oder IS EQUAL TO
  - > oder IS GREATER THAN
  - < oder IS LESS THAN
  - >= oder IS GREATER THAN OR EQUAL TO
  - <= oder IS LESS THAN OR EQUAL TO
  - NOT =, IS NOT EQUAL TO (auch <>), etc.
- THEN: Obwohl in einigen Kontexten optional, verbessert die Einbeziehung von THEN oft die Lesbarkeit.
- END-IF: Dieser **Bereichsabgrenzer**, eingeführt in COBOL 85, markiert explizit das Ende des Blocks der IF-Anweisung. Die Verwendung von END-IF ist entscheidend für das Schreiben von klarem, strukturiertem Code und zur Ver-meidung von Mehrdeutigkeiten, insbesondere bei verschachtelten IFs. **Ver-wenden Sie immer END-IF.**

Hinzufügen von Alternativen mit ELSE:

Sie können einen alternativen Codeblock zur Ausführung bereitstellen, wenn die Bedingung falsch ist, indem Sie die ELSE-Klausel verwenden.

```
IF bedingung-ist-wahr THEN
    *> Anweisungen, die ausgeführt werden, wenn die Bedingung WAHR ist
    anweisung-wahr-1
    anweisung-wahr-2
ELSE
    *> Anweisungen, die ausgeführt werden, wenn die Bedingung FALSCH ist
    anweisung-falsch-1
    anweisung-falsch-2
```

```
        END-IF
```

Beispiel:

```
        WORKING-STORAGE SECTION.
        01 WS-ALTER              PIC 99 VALUE 25.
        01 WS-NACHRICHT          PIC X(30).

        PROCEDURE DIVISION.
        ALTER-PRUEFEN.
            IF WS-ALTER >= 18 THEN
                MOVE 'Wahlberechtigt.' TO WS-NACHRICHT
            ELSE
                MOVE 'Noch nicht wahlberechtigt.' TO WS-NACHRICHT
            END-IF.
            DISPLAY WS-NACHRICHT.

            STOP RUN.
```

Erwartete Ausgabe:

```
    Wahlberechtigt.
```

Zusammengesetzte Bedingungen (AND, OR)

Sie können komplexere Bedingungen erstellen, indem Sie einfache Bedingungen mit AND und OR kombinieren.

- bedingung-1 AND bedingung-2: Beide Bedingungen müssen wahr sein, damit die kombinierte Bedingung wahr ist.
- bedingung-1 OR bedingung-2: Mindestens eine der Bedingungen muss wahr sein, damit die kombinierte Bedingung wahr ist.

Klammern können verwendet werden, um die Reihenfolge der Auswertung zu steuern, genau wie in der Arithmetik.

```
        WORKING-STORAGE SECTION.
        01 WS-PUNKTZAHL            PIC 9(3) VALUE 85.
        01 WS-ANWESENHEIT-PROZENT PIC 9(3) VALUE 95.
        01 WS-NOTE                PIC X.

        PROCEDURE DIVISION.
        NOTE-ZUWEISEN.
            IF WS-PUNKTZAHL >= 90 AND WS-ANWESENHEIT-PROZENT >= 90 THEN
```

```
            MOVE 'A' TO WS-NOTE
        ELSE
            IF WS-PUNKTZAHL >= 80 AND WS-ANWESENHEIT-PROZENT >= 80 THEN
                MOVE 'B' TO WS-NOTE
            ELSE
                *> Weitere Bedingungen könnten folgen...
                MOVE 'C' TO WS-NOTE *> Standardfall für dieses Beispiel
            END-IF
        END-IF. *> Beachten Sie das verschachtelte END-IF
        DISPLAY "Zugewiesene Note: " WS-NOTE.

        STOP RUN.
```

Erwartete Ausgabe:

```
 Zugewiesene Note: B
```

NEXT SENTENCE (Mit Vorsicht verwenden):

Älterer COBOL-Code könnte NEXT SENTENCE verwenden. Es weist COBOL an, den
Rest der Anweisungen im aktuellen IF-Block zu überspringen und mit der Anweisung
fortzufahren, die unmittelbar auf den *nächsten Punkt (.)* folgt. In der modernen strukturierten Programmierung mit END-IF ist NEXT SENTENCE im Allgemeinen unnötig
und macht Code oft schwerer nachvollziehbar. Vermeiden Sie es, es sei denn, die
Wartung sehr alten Codes erfordert es.

Die EVALUATE-Anweisung

Während verschachtelte IF-Anweisungen für mehrere Bedingungen funktionieren
(wie im Benotungsbeispiel oben), können sie schwer zu lesen und zu verwalten werden, wenn es viele Möglichkeiten gibt. COBOL 85 führte die EVALUATE-Anweisung als
sauberere, lesbarere Alternative für Mehrfachverzweigungen ein (ähnlich einer
switch- oder case-Anweisung in anderen Sprachen).

Grundstruktur:

```
EVALUATE subjekt-element *> Das/die zu prüfende(n) Element(e)
    WHEN bedingung-1   *> Teste Bedingung 1
        *> Anweisungen für Bedingung 1
        anweisungssatz-1
    WHEN bedingung-2   *> Teste Bedingung 2
        *> Anweisungen für Bedingung 2
        anweisungssatz-2
    ...
```

```
            WHEN OTHER          *> Optional: Wenn keine der obigen
Übereinstimmungen zutrifft
                 *> Standardanweisungen
                 anweisungssatz-andere
            END-EVALUATE        *> COBOL 85 Bereichsabgrenzer
```

Beispiel (Umschreiben der Notenzuweisung):

```
        WORKING-STORAGE SECTION.
        01 WS-PUNKTZAHL          PIC 9(3) VALUE 75.
        01 WS-NOTE               PIC X.

        PROCEDURE DIVISION.
        NOTE-ZUWEISEN-EVAL.
            EVALUATE TRUE *> Übliche Technik: Bedingungen direkt auswerten
                WHEN WS-PUNKTZAHL >= 90
                    MOVE 'A' TO WS-NOTE
                WHEN WS-PUNKTZAHL >= 80 *> Bedeutet hier implizit ">= 80 AND <
90"
                    MOVE 'B' TO WS-NOTE
                WHEN WS-PUNKTZAHL >= 70
                    MOVE 'C' TO WS-NOTE
                WHEN WS-PUNKTZAHL >= 60
                    MOVE 'D' TO WS-NOTE
                WHEN OTHER
                    MOVE 'F' TO WS-NOTE
            END-EVALUATE.

            DISPLAY "Zugewiesene Note (EVALUATE): " WS-NOTE.
            STOP RUN.
```

Erwartete Ausgabe:

```
Zugewiesene Note (EVALUATE): C
```

EVALUATE kann auch spezifische Werte, Bereiche oder Kombinationen testen, was es sehr flexibel und oft viel klarer als tief verschachtelte IFs macht.

Schleifen mit PERFORM

Die Wiederholung von Codeblöcken ist eine weitere fundamentale Anforderung der Ablaufsteuerung. Möglicherweise müssen Sie jeden Datensatz in einer Datei verarbeiten, eine Berechnung N-mal wiederholen oder so lange zur Eingabe auffordern, bis gültige Daten eingegeben werden. COBOLs primärer Schleifenmechanismus ist das vielseitige PERFORM-Verb.

1. Einfacher Paragraph-PERFORM (Unterprogramm-Stil)

Dies führt den Code innerhalb eines benannten Paragraphen aus und gibt dann die Kontrolle an die Anweisung zurück, die unmittelbar auf das PERFORM folgt.

```
PROCEDURE DIVISION.
HAUPTLOGIK.
    DISPLAY "Bin dabei, die Aufgabe auszuführen.".
    PERFORM AUFGABE-AUSFUEHREN.
    DISPLAY "Aufgabe abgeschlossen.".
    STOP RUN.

AUFGABE-AUSFUEHREN.
    *> Code für die Aufgabe kommt hierhin
    DISPLAY "Führe die aufgerufene Aufgabe aus.".
```

Erwartete Ausgabe:

```
Bin dabei, die Aufgabe auszuführen.
Führe die aufgerufene Aufgabe aus.
Aufgabe abgeschlossen.
```

2. PERFORM...UNTIL (Bedingte Schleife)

Dies führt einen Codeblock (entweder einen Paragraphen oder Inline-Code) wiederholt aus, *bis* eine angegebene Bedingung wahr wird. Die Bedingung wird **vor** jeder potenziellen Ausführung geprüft.

```
WORKING-STORAGE SECTION.
01 WS-ZAEHLER          PIC 9 VALUE 1.

PROCEDURE DIVISION.
HOCHZAEHLEN-PARAGRAPH.
    PERFORM ZAEHLER-ANZEIGEN UNTIL WS-ZAEHLER > 5.
    DISPLAY "Schleife beendet.".
    STOP RUN.

ZAEHLER-ANZEIGEN.
    DISPLAY "Zähler: " WS-ZAEHLER.
    ADD 1 TO WS-ZAEHLER.
```

Inline PERFORM...UNTIL **(COBOL 85):** Sie können den Code direkt innerhalb des PER-FORM platzieren, indem Sie END-PERFORM verwenden, was oft wegen der Code-Lokalität bevorzugt wird.

```
WORKING-STORAGE SECTION.
01 WS-ZAEHLER          PIC 9 VALUE 1.

PROCEDURE DIVISION.
HOCHZAEHLEN-INLINE.
    PERFORM UNTIL WS-ZAEHLER > 5
        DISPLAY "Inline Zähler: " WS-ZAEHLER
        ADD 1 TO WS-ZAEHLER
    END-PERFORM. *> Bereichsabgrenzer ist unerlässlich!
    DISPLAY "Inline Schleife beendet.".
    STOP RUN.
```

Erwartete Ausgabe (für beide UNTIL**-Beispiele):**

```
Zähler: 1
Zähler: 2
Zähler: 3
Zähler: 4
Zähler: 5
Schleife beendet.
```

(oder "Inline Zähler:" für die zweite Version)

3. PERFORM...VARYING **(Zählergesteuerte Schleife)**

Dies ist ideal für Schleifen, bei denen Sie einen Zähler benötigen, der automatisch inkrementiert (oder dekrementiert) wird.

```
    *> Inline PERFORM VARYING (häufigste moderne Form)
PROCEDURE DIVISION.
VARYING-SCHLEIFE.
    PERFORM VARYING WS-INDEX FROM 1 BY 1 UNTIL WS-INDEX > 3
        DISPLAY "Schleifeniteration: " WS-INDEX
    END-PERFORM.
    DISPLAY "Varying-Schleife beendet.".
    STOP RUN.

WORKING-STORAGE SECTION. *> WS Section normalerweise passend platzieren
01 WS-INDEX          PIC 9.
```

Erwartete Ausgabe:

```
Schleifeniteration: 1
Schleifeniteration: 2
Schleifeniteration: 3
Varying-Schleife beendet.
```

Sie können FROM mit unterschiedlichen Startwerten variieren und das BY-Inkrement ändern (sogar negative Werte verwenden, um herunterzuzählen).

4. PERFORM...TIMES **(Feste Iterationsschleife)**

Führt einen Codeblock eine feste Anzahl von Malen aus.

```
PROCEDURE DIVISION.
TIMES-SCHLEIFE.
    PERFORM 3 TIMES *> Führe den Inline-Block 3 Mal aus
        DISPLAY "Wiederholende Aktion..."
    END-PERFORM.
    DISPLAY "Times-Schleife beendet.".
    STOP RUN.
```

Erwartete Ausgabe:

```
Wiederholende Aktion...
Wiederholende Aktion...
Wiederholende Aktion...
Times-Schleife beendet.
```

Die Verwendung von Inline-PERFORM mit END-PERFORM wird generell für UNTIL-, VARY-ING- und TIMES-Schleifen in der modernen COBOL 85-Programmierung für bessere Lesbarkeit und Struktur empfohlen.

Prinzipien der strukturierten Programmierung

Die Kontrollstrukturen, die wir besprochen haben (IF/ELSE/END-IF, EVALUATE/END-EVALUATE, PERFORM/END-PERFORM), sind die Bausteine der **strukturierten Programmierung**. Die Kernidee ist, Programme nur mit drei Grundmustern zu erstellen:

1. **Sequenz:** Ausführung von Anweisungen nacheinander.
2. **Selektion:** Auswahl zwischen alternativen Pfaden (IF, EVALUATE).
3. **Iteration:** Wiederholung von Aktionen (PERFORM).

Indem man sich an diese Strukturen hält und willkürliche Sprünge in der Logik vermeidet, erstellt man Programme, die deutlich leichter zu lesen, zu verstehen, zu testen, zu debuggen und zu warten sind.

Ein Wort der Vorsicht: Die GO TO-Anweisung

COBOL enthält eine `GO TO`-Anweisung. `GO TO paragraph-name.` verursacht einen unbedingten Sprung direkt zum angegebenen Paragraphen und verlässt den normalen sequentiellen Ablauf.

Warum `GO TO` vermeiden?

In fast allen modernen Programmierkontexten **sollte `GO TO` vermieden werden**. Übermäßiger Gebrauch von `GO TO` führt zu dem, was oft als "Spaghetti-Code" bezeichnet wird – ein verworrenes Durcheinander von Sprüngen, das die Nachverfolgung der Programmlogik unglaublich erschwert. Es bricht die Prinzipien der strukturierten Programmierung und macht die Wartung zu einem Albtraum.

Obwohl Sie möglicherweise auf `GO TO`-Anweisungen stoßen, wenn Sie mit sehr altem Legacy-COBOL-Code arbeiten (geschrieben, bevor strukturierte Programmierung zur Norm wurde oder bevor `PERFORM` alle seine aktuellen Fähigkeiten hatte), sollten Sie sich bemühen, `IF`, `EVALUATE` und `PERFORM` für alle Neuentwicklungen und Refactoring-Bemühungen zu verwenden. Es gibt nur sehr wenige, spezifische Situationen in komplexen, älteren Systemen, in denen ein kontrolliertes `GO TO` von erfahrenen Programmierern als akzeptabel erachtet werden könnte, aber dies sind seltene Ausnahmen, nicht die Regel. Für das Lernen und die moderne Praxis konzentrieren Sie sich auf die strukturierten Konstrukte.

Zusammenfassung des Kapitels

Dieses Kapitel hat Sie mit den Werkzeugen ausgestattet, um den Ausführungspfad innerhalb Ihrer COBOL-Programme zu steuern. Wir begannen mit dem standardmäßigen sequentiellen Ablauf und führten dann bedingte Logik unter Verwendung der essentiellen `IF...THEN...ELSE...END-IF`-Struktur und der leistungsstarken Mehrfachverzweigungsanweisung `EVALUATE...END-EVALUATE` ein. Sie haben gelernt, wie Sie Codeblöcke mithilfe verschiedener Formen des `PERFORM`-Verbs wiederholen, einschließlich `UNTIL`, `VARYING` und `TIMES`, wobei die Verwendung von Inline-`PERFORM` mit Bereichsabgrenzern betont wurde. Wir haben die Prinzipien der strukturierten Programmierung angesprochen, die diese Konstrukte ermöglichen, und eine starke Warnung vor der Verwendung der unstrukturierten `GO TO`-Anweisung in modernem Code ausgesprochen.

Sie können nun Daten definieren, Berechnungen durchführen, Entscheidungen treffen und Aktionen wiederholen. Dies sind die Kernkomponenten der Programmlogik. Mit dieser Grundlage sind wir bereit, eine der bedeutendsten Stärken von COBOL anzugehen: die Interaktion mit Daten, die außerhalb des Programms in Dateien gespeichert sind. Der nächste Teil des Buches, beginnend mit Kapitel 7, wird die Konzepte der Dateiverarbeitung vorstellen, beginnend damit, wie Dateien definiert und mit Ihrem Programm verbunden werden.

Kapitel 7: Einführung in die Dateiverarbeitung

Bisher haben wir untersucht, wie COBOL-Programme strukturiert sind (Kapitel 3), wie Daten intern mithilfe von WORKING-STORAGE definiert werden (Kapitel 4), wie Berechnungen durchgeführt werden (Kapitel 5) und wie der Logikfluss des Programms gesteuert werden kann (Kapitel 6). Die Daten, mit denen wir in WORKING-STORAGE gearbeitet haben, sind jedoch **transient**; sie existieren nur, während das Programm läuft. Echte Geschäftsanwendungen müssen mit Daten arbeiten, die zwischen Programmausführungen bestehen bleiben – Kundenlisten, Inventardatensätze, Transaktionshistorien und so weiter. Diese persistenten Daten werden in **Dateien** gespeichert, und COBOL wurde speziell mit leistungsstarken und robusten Dateiverarbeitungsfähigkeiten entwickelt. Dieses Kapitel führt die grundlegenden Konzepte und COBOL-Elemente ein, die für die Arbeit mit externen Datendateien benötigt werden.

Warum Dateien zentral für COBOL sind

Stellen Sie sich eine Bankanwendung vor. Wenn Sie Ihren Kontostand überprüfen, muss das Programm Ihre Kontoinformationen abrufen. Wenn Sie eine Einzahlung tätigen, muss das Programm diese Informationen aktualisieren und sicher speichern, damit sie beim nächsten Zugriff durch Sie oder die Bank korrekt sind. Diese Informationen werden nicht nur im temporären Speicher des Programms aufbewahrt; sie werden in Datendateien gespeichert.

Die Stärke von COBOL liegt in seiner Fähigkeit:

- Die Struktur von Daten innerhalb von Dateien präzise zu definieren.
- Große Datenvolumina, die in Dateien gespeichert sind, effizient zu verarbeiten.
- Verschiedene Methoden zur Organisation und zum Zugriff auf Daten innerhalb von Dateien zu handhaben.

Das Verständnis der Dateiverarbeitung ist in COBOL nicht nur wichtig; es ist absolut **essenziell** für fast jede praktische Geschäftsanwendung, die in dieser Sprache geschrieben wurde.

Dateikonzepte: Datensätze, Felder und Organisation

Bevor wir uns den COBOL-Spezifika zuwenden, klären wir einige grundlegende Begriffe:

- **Datei (File):** Eine Sammlung zusammengehöriger Daten, die vom Betriebssystem als eine Einheit behandelt wird. Stellen Sie es sich wie eine physische Aktenschrank-Schublade vor, die einem bestimmten Thema gewidmet ist (z. B. "Kundenkonten").
- **Datensatz (Record):** Eine einzelne, vollständige Einheit zusammengehöriger Informationen innerhalb einer Datei. In unserer Aktenschrank-Analogie repräsentiert jeder Ordner in der Schublade "Kundenkonten" den Datensatz eines Kunden.
- **Feld (Field):** Ein einzelnes Datenelement innerhalb eines Datensatzes. In einem Kundendatensatz (Ordner) wären Felder Elemente wie "Kundenname", "Kontonummer", "Adresse" und "Aktueller Saldo".

COBOL arbeitet mit Dateien, die auf unterschiedliche Weise organisiert sind, was bestimmt, wie Datensätze gespeichert und abgerufen werden. Die drei primären **Dateiorganisationen**, die wir in diesem Buch behandeln werden, sind:

1. **Sequenziell (Sequential):** Datensätze werden nacheinander gespeichert, in der Reihenfolge, in der sie geschrieben wurden (wie Spuren auf einem Kassettenband). Man liest sie typischerweise in derselben Reihenfolge. (Behandelt in Kapitel 8).
2. **Indiziert (Indexed):** Datensätze werden zusammen mit einem oder mehreren **Schlüsseln** (eindeutigen Identifikatoren, wie eine Kontonummer) gespeichert. Dies ermöglicht es Ihnen, Datensätze sequentiell zu lesen *oder* direkt über seinen Schlüssel auf einen bestimmten Datensatz zuzugreifen (wie das Nachschlagen eines Namens im Index eines Buches). (Behandelt in Kapitel 9).
3. **Relativ (Relative):** Datensätze werden in festen Slots gespeichert, identifiziert durch ihre relative Satznummer (Slot 1, Slot 2, Slot 3 usw.). Dies ermöglicht den direkten Zugriff über die Satznummer. (Behandelt in Kapitel 10).

Die Wahl der Organisation hängt davon ab, wie die Daten verarbeitet werden müssen (z. B. Verarbeitung jedes Datensatzes der Reihe nach vs. schnelles Abrufen spezifischer Datensätze).

Der FILE-CONTROL-Paragraph in der ENVIRONMENT DIVISION

Erinnern Sie sich an die ENVIRONMENT DIVISION aus Kapitel 3? Ihre INPUT-OUTPUT SECTION enthält den entscheidenden FILE-CONTROL-Paragraphen. Hier **verknüpfen** Sie den logischen Dateinamen, der innerhalb Ihres COBOL-Programms verwendet wird, mit der tatsächlichen physischen Datei, die vom Betriebssystem verwaltet wird.

Das primäre Werkzeug hierfür ist die SELECT-Anweisung.

Grundlegende Syntax:

```
ENVIRONMENT DIVISION.
INPUT-OUTPUT SECTION.
FILE-CONTROL.
    SELECT logischer-dateiname
        ASSIGN TO system-datei-identifikator
        [ORGANIZATION IS datei-organisation]
        [ACCESS MODE IS zugriffsmodus]
        [FILE STATUS IS status-variable]. *> SEHR wichtig!
```

Lassen Sie uns die wichtigsten Klauseln aufschlüsseln:

- SELECT logischer-dateiname: Definiert den Namen, den Sie verwenden werden, um auf diese Datei *innerhalb* Ihres COBOL-Programms zu verweisen (in FD-Einträgen, READ-, WRITE-Anweisungen usw.). Er folgt den COBOL-Benennungsregeln.
- ASSIGN TO system-datei-identifikator: Verbindet Ihren logischer-dateiname mit der Außenwelt. Das Format von system-datei-identifikator ist **stark abhängig** vom Betriebssystem und COBOL-Compiler:
    - Auf Mainframes (z/OS) verweist es oft auf einen DD-Namen in JCL (z. B. ASSIGN TO KUNDDATEI).
    - Mit GnuCOBOL auf PC-Systemen ist es oft der tatsächliche Betriebssystem-Dateiname (z. B. ASSIGN TO "KUNDEN.DAT" oder ASSIGN TO 'C:\DATEN\EINGABE.TXT'). Manchmal werden Umgebungsvariablen verwendet. Überprüfen Sie die Dokumentation Ihres spezifischen Compilers!
- ORGANIZATION IS: Gibt an, wie die Datensätze innerhalb der Datei organisiert sind. Sie verwenden SEQUENTIAL, INDEXED oder RELATIVE. Wenn weggelassen, ist SEQUENTIAL oft die Standardeinstellung.
- ACCESS MODE IS: Gibt an, wie Sie auf die Datensätze zugreifen möchten: SEQUENTIAL (Lesen/Schreiben in Reihenfolge), RANDOM (Lesen/Schreiben direkt über Schlüssel/Satznummer – für Indiziert/Relativ) oder DYNAMIC

(Wechsel zwischen sequentiellen und zufälligen Zugriffen – für Indiziert/Relativ).

- FILE STATUS IS status-variable: Dies ist **kritisch wichtig**. Es benennt eine zweistellige Variable (die Sie in WORKING-STORAGE definieren müssen), in die COBOL nach *jeder einzelnen E/A-Operation* (wie OPEN, READ, WRITE, CLOSE), die auf dieser Datei ausgeführt wird, einen Statuscode platziert. Wir werden dies gleich näher besprechen.

Beispiel FILE-CONTROL:

```
ENVIRONMENT DIVISION.
INPUT-OUTPUT SECTION.
FILE-CONTROL.
*-- Definiere eine sequentielle Eingabedatei
    SELECT KUNDEN-EINGABE-DATEI ASSIGN TO "kunden_eingabe.dat"
        ORGANIZATION IS SEQUENTIAL
        ACCESS MODE IS SEQUENTIAL
        FILE STATUS IS WS-KUNDEN-EINGABE-STATUS.

*-- Definiere eine indizierte Ausgabedatei
    SELECT INVENTAR-AUSGABE-DATEI ASSIGN TO "inventar_stamm.idx"
        ORGANIZATION IS INDEXED
        ACCESS MODE IS DYNAMIC *> Erlaubt sowohl sequentielle als auch
zufällige Schreibvorgänge
        RECORD KEY IS INV-ARTIKELNUMMER *> Definiert in FD (siehe unten)
        FILE STATUS IS WS-INVENTAR-AUSGABE-STATUS.
```

Die FILE SECTION in der DATA DIVISION

Während FILE-CONTROL die Datei *verknüpft*, *beschreibt* die FILE SECTION innerhalb der DATA DIVISION die *Struktur* der Datensätze innerhalb dieser Datei. Für jede Datei, die in einer SELECT-Anweisung benannt wird, müssen Sie einen entsprechenden FD (**File Description - Dateibeschreibung**)-Eintrag in der FILE SECTION haben.

Der FD-Eintrag liefert Informationen über die Datei selbst (wie Blockgröße, Aufzeichnungsmodus - oft systemabhängig oder standardmäßig) und, was am wichtigsten ist, wird unmittelbar von einer oder mehreren 01-Stufen-Datensatzbeschreibungen gefolgt, die das Layout der Felder innerhalb jedes Datensatzes definieren.

Struktur:

```
DATA DIVISION.
FILE SECTION.

FD  logischer-dateiname
```

```
*> Optionale Klauseln über Blockung, Labels usw. kommen hierhin
*> BLOCK CONTAINS 0 RECORDS (üblich für systembestimmte Blockung)
*> RECORDING MODE IS F (Festlängen-Datensätze)
. *> FD-Eintrag endet mit einem Punkt


01  datensatz-beschreibung-name.
    05 feld-1              PIC <...> .
    05 feld-2              PIC <...> .
    05 feld-gruppe.
       10 unterfeld-a      PIC <...> .
       10 unterfeld-b      PIC <...> .
    ...


*> Sie könnten mehrere 01-Stufen haben, wenn eine Datei
*> verschiedene Arten von Datensätzen enthält.
```

- FD logischer-dateiname: Muss mit einem Namen übereinstimmen, der in einer SELECT-Anweisung verwendet wird.
- **Optionale Klauseln**: Klauseln wie BLOCK CONTAINS (wie viele Datensätze für E/A gruppiert werden) und RECORDING MODE (Fest/Variable Länge) existieren, werden aber oft vom System oder durch Standardwerte gehandhabt. LABEL RECORDS ARE STANDARD ist ebenfalls üblich und zeigt die Standard-OS-Labelverarbeitung an.
- 01 datensatz-beschreibung-name: Definiert die Datensatzstruktur unter Verwendung von Stufennummern (01, 05, 10 usw.) und PIC-Klauseln, genau wie Sie es für WORKING-STORAGE in Kapitel 4 gelernt haben. Dieses 01-Stufen-Element repräsentiert den **Datensatzpuffer (Record Buffer)** – den Speicherbereich, in den Daten platziert werden, wenn Sie aus der Datei READen, oder wo Sie die Daten aufbauen müssen, bevor Sie in die Datei WRITEn.

Beispiel FILE SECTION **(entspricht dem vorherigen** FILE-CONTROL**):**

```
DATA DIVISION.
FILE SECTION.

FD  KUNDEN-EINGABE-DATEI.
01  KUNDENDATENSATZ.
    05 KUNDEN-ID           PIC 9(7).
    05 KUNDENNAME          PIC X(30).
    05 KUNDENSALDO         PIC S9(9)V99.
    05 FILLER              PIC X(10). *> Ungenutzter Platz im Datensatz

FD  INVENTAR-AUSGABE-DATEI.
01  INVENTARDATENSATZ.
    05 INV-ARTIKELNUMMER       PIC 9(9). *> Dies IST das RECORD KEY Feld
```

```
05 INV-BESCHREIBUNG       PIC X(50).
05 INV-BESTANDSMENGE      PIC S9(5).
05 INV-EINHEITSKOSTEN     PIC 9(5)V99.
```

Dateistatuscodes: Überprüfung von E/A-Operationen

Wie bereits erwähnt, ist die FILE STATUS-Klausel in der SELECT-Anweisung von entscheidender Bedeutung. Jedes Mal, wenn Ihr Programm versucht, mit einer Datei zu interagieren (OPEN, CLOSE, READ, WRITE, REWRITE, DELETE, START), aktualisiert COBOL das von Ihnen angegebene zweistellige Datenelement. Sie **müssen** den Wert dieser Statusvariablen nach jeder E/A-Operation überprüfen, um sicherzustellen, dass sie erfolgreich abgeschlossen wurde.

Sie definieren die Dateistatusvariablen normalerweise in WORKING-STORAGE:

```
WORKING-STORAGE SECTION.
01 WS-DATEISTATUSVARIABLEN.
   05 WS-KUNDEN-EINGABE-STATUS PIC XX. *> Für KUNDEN-EINGABE-DATEI
      88 KUNDEN-EINGABE-DATEIENDE VALUE '10'. *> Bedingungsname für
Dateiende
      88 KUNDEN-EINGABE-OK      VALUE '00'. *> Bedingungsname für Erfolg
   05 WS-INVENTAR-AUSGABE-STATUS PIC XX. *> Für INVENTAR-AUSGABE-DATEI
      88 INVENTAR-AUSGABE-OK    VALUE '00'.
      88 INVENTAR-SCHLUESSEL-DOPPELT VALUE '22'. *> Beispiel Indiziert-
Fehler
```

- PIC XX **oder** PIC 99: Ein zweistelliges Feld ist Standard. XX ist üblich.
- **Bedingungsnamen (88-Stufen):** Die Definition von 88-Stufen für gängige Statuscodes (wie '00' für Erfolg, '10' für Dateiende bei einem sequentiellen Lesen) macht Ihre PROCEDURE DIVISION-Logik viel lesbarer (wie kurz in Kapitel 4 diskutiert, mehr in Kapitel 11). Anstelle von IF WS-KUNDEN-EINGABE-STATUS = '10' können Sie IF KUNDEN-EINGABE-DATEIENDE schreiben.

Gängige Dateistatuswerte (Beispiele):

Status	Bedeutung	Typischer Kontext
00	Erfolgreicher Abschluss	Jede E/A-Operation
10	Dateiende	Sequentielles READ
05	Optionale Datei nicht verfügbar	OPEN (wenn Datei als OPTIONAL deklariert)
22	Doppelschlüssel	WRITE/REWRITE (Indiziert)
23	Datensatz nicht gefunden	READ/START/DELETE (Indiziert/Relativ)

30	Permanenter E/A-Fehler (Hardware)	Jede E/A-Operation
35	Datei nicht gefunden	OPEN
39	Dateiattribut-Konflikt	OPEN (z.B. versucht, Sequentiell als Indiziert zu öffnen)
9x	Compiler-/ Umgebungsspezifischer Fehler	Variiert stark

Überprüfung des Status (mit IF aus Kapitel 6):

```
PROCEDURE DIVISION.
KUNDENDATEI-LESEN.
    READ KUNDEN-EINGABE-DATEI
        AT END
            *> Code für Dateiende-Bedingung
            DISPLAY "Ende der Kundendatei erreicht."
            *> Setze ein Kennzeichen, führe Schließ-Paragraph aus etc.
        NOT AT END
            *> Status explizit auf andere potenzielle Probleme prüfen
            IF KUNDEN-EINGABE-OK
                *> Verarbeite die Daten jetzt in KUNDENDATENSATZ
                DISPLAY "Leseerfolg: " KUNDEN-ID " " KUNDENNAME
            ELSE
                *> Unerwarteten Dateifehler behandeln
                DISPLAY "Fehler beim Lesen der Kundendatei!"
                DISPLAY "Dateistatus: " WS-KUNDEN-EINGABE-STATUS
                *> Verarbeitung abbrechen oder andere Fehleraktion
durchführen
            END-IF
    END-READ. *> Empfohlener Bereichsabgrenzer
```

(Hinweis: Die AT END*-Klausel ist spezifisch für sequentielles* READ *und behandelt oft den '10'-Status implizit, aber explizite Statusprüfungen sind immer noch gute Praxis für andere Fehler).*

Das Ignorieren des Dateistatus ist ein häufiger Fehler, der dazu führt, dass Programme unvorhersehbar fehlschlagen oder falsche Daten verarbeiten. **Überprüfen Sie immer den Dateistatus nach jeder E/A-Operation!**

Zusammenfassung des Kapitels

Dieses Kapitel legte den Grundstein für die Arbeit mit externen Datendateien in COBOL. Sie haben gelernt, warum Dateien für die persistente Datenspeicherung in Geschäftsanwendungen unerlässlich sind, und die Grundkonzepte von Dateien, Datensätzen und Feldern verstanden. Wir haben die beiden Schlüsselkomponenten von COBOL für die Dateiverarbeitung untersucht: den FILE-CONTROL-Paragraphen (unter Verwendung von SELECT und ASSIGN zur Verknüpfung logischer Dateien mit physischen) in der ENVIRONMENT DIVISION und die FILE SECTION (unter Verwendung von FD und Datensatzbeschreibungen) in der DATA DIVISION zur Definition von Datensatzlayouts. Entscheidend ist, dass wir die FILE STATUS-Variable eingeführt und die absolute Notwendigkeit betont haben, sie nach jeder E/A-Operation zu überprüfen, um einen erfolgreichen Abschluss sicherzustellen und Fehler ordnungsgemäß zu behandeln.

Sie verstehen nun, wie COBOL sich auf die Interaktion mit Dateien vorbereitet. Im nächsten Kapitel werden wir dieses Wissen in die Praxis umsetzen, indem wir lernen, wie man den grundlegendsten Typ öffnet (OPEN), liest (READ), schreibt (WRITE) und schließt (CLOSE): sequentielle Dateien.

Kapitel 8: Verarbeitung sequentieller Dateien

In Kapitel 7 haben wir die wesentliche Grundlage für die Dateiverarbeitung in COBOL gelegt. Sie haben gelernt, wie Sie Ihr Programm über SELECT und ASSIGN im FILE-CONTROL-Paragraphen mit externen Dateien verbinden und wie Sie die Struktur der Daten in diesen Dateien mithilfe von FD-Einträgen in der FILE SECTION beschreiben. Wir haben auch die entscheidende Bedeutung der Überprüfung der FILE STATUS-Variable nach jeder Ein-/Ausgabeoperation betont. Jetzt wenden wir diese Konzepte auf die erste und grundlegendste Dateiorganisation an: **sequentielle Dateien**.

Merkmale sequentieller Dateien

Sequentielle Dateien sind der einfachste Typ. Stellen Sie sich eine Magnetbandspule oder eine einfache Textprotokolldatei vor; Datensätze werden nacheinander gespeichert, in der physischen Reihenfolge, in der sie hinzugefügt wurden.

- **Reihenfolge:** Datensätze behalten ihre Erstellungssequenz bei.
- **Zugriff:** Um den 100. Datensatz zu lesen, müssen Sie typischerweise die ersten 99 Datensätze durchlesen. Es gibt keine direkte Möglichkeit, basierend auf seinem Inhalt zu einem bestimmten Datensatz in der Mitte zu springen.
- **Anwendungsfälle:** Sequentielle Dateien sind ideal für die Stapelverarbeitung, bei der Sie jeden Datensatz verarbeiten müssen (wie die Erstellung der Gehaltsabrechnung für alle Mitarbeiter), das Erstellen von Protokolldateien, die Erzeugung gedruckter Berichte oder als Zwischendateien, bei denen ein Programm Daten sequentiell ausschreibt, damit ein anderes Programm sie sequentiell lesen kann.

Öffnen von Dateien

Bevor Ihr Programm aus einer Datei lesen oder in sie schreiben kann, müssen Sie sie zuerst **öffnen** (OPEN). Das OPEN-Verb bereitet die Datei für die Verarbeitung vor, basierend darauf, wie Sie sie verwenden möchten.

OPEN-Modi

Sie müssen beim Öffnen einer Datei einen Modus angeben:

- INPUT: Öffnet eine vorhandene Datei nur zum Lesen. Ihr Programm kann daraus READen, aber nicht WRITEn. Wenn die Datei nicht existiert, schlägt das OPEN fehl.
- OUTPUT: Öffnet eine Datei nur zum Schreiben. **Wenn die Datei bereits existiert, wird ihr vorheriger Inhalt normalerweise gelöscht**, und eine neue leere Datei wird erstellt. Wenn sie nicht existiert, wird eine neue Datei erstellt. Sie können nur WRITEn.
- I-O (**Input-Output / Ein-/Ausgabe**): Öffnet eine vorhandene Datei sowohl zum Lesen als auch zum Schreiben. Sie können READ, WRITE und REWRITE (vorhandene Datensätze aktualisieren). Dieser Modus ist für rein sequentielle Dateien weniger verbreitet als für indizierte oder relative Dateien, aber möglich. Die Datei muss existieren.
- EXTEND: Öffnet eine vorhandene Datei nur zum Schreiben, aber im Gegensatz zu OUTPUT **fügt** es neue Datensätze am *Ende* der Datei **an**, ohne den vorhandenen Inhalt zu löschen. Wenn die Datei nicht existiert, wird sie normalerweise wie bei OUTPUT erstellt.

OPEN-Syntax

```
OPEN modus logischer-dateiname-1 [logischer-dateiname-2] ...
```

Sie können mehrere Dateien mit demselben Modus in einer einzigen OPEN-Anweisung öffnen.

OPEN-Beispiel

```
ENVIRONMENT DIVISION.
INPUT-OUTPUT SECTION.
FILE-CONTROL.
    SELECT STUDENTEN-DATEI ASSIGN TO "studenten.dat"
        ORGANIZATION IS SEQUENTIAL
        ACCESS MODE IS SEQUENTIAL
        FILE STATUS IS WS-STUDENTEN-STATUS.
    SELECT BERICHTS-DATEI ASSIGN TO "bericht.txt"
```

```
            ORGANIZATION IS SEQUENTIAL
            ACCESS MODE IS SEQUENTIAL
            FILE STATUS IS WS-BERICHTS-STATUS.

    DATA DIVISION.
    FILE SECTION.
    FD  STUDENTEN-DATEI.
    01  STUDENTEN-SATZ       PIC X(80). *> Vereinfachter Datensatz
    FD  BERICHTS-DATEI.
    01  BERICHTS-SATZ        PIC X(132).

    WORKING-STORAGE SECTION.
    01 WS-DATEISTATUSFELDER.
        05 WS-STUDENTEN-STATUS PIC XX.
           88 STUDENT-OK        VALUE '00'.
           88 STUDENT-DATEIENDE VALUE '10'.
        05 WS-BERICHTS-STATUS  PIC XX.
           88 BERICHT-OK        VALUE '00'.

    PROCEDURE DIVISION.
    DATEIEN-INITIALISIEREN.
        OPEN INPUT STUDENTEN-DATEI
             OUTPUT BERICHTS-DATEI.

*-- KRITISCH: Status sofort nach OPEN prüfen
        IF STUDENT-OK
            DISPLAY "Studentendatei erfolgreich geöffnet."
        ELSE
            DISPLAY "FEHLER beim Öffnen der Studentendatei!"
            DISPLAY "Studentendatei Status: " WS-STUDENTEN-STATUS
            *> Fehlerbehandlung durchführen - evtl. Programm stoppen
            STOP RUN
        END-IF.

        IF BERICHT-OK
            DISPLAY "Berichtsdatei erfolgreich geöffnet."
        ELSE
            DISPLAY "FEHLER beim Öffnen der Berichtsdatei!"
            DISPLAY "Berichtsdatei Status: " WS-BERICHTS-STATUS
            *> Fehlerbehandlung durchführen
            STOP RUN
        END-IF.

        *> ... Programmlogik wird fortgesetzt, wenn OPENs erfolgreich
waren ...
        STOP RUN. *> Temporärer Stopp zur Verdeutlichung des Beispiels
```

Erwartete Ausgabe (wenn Datei `studenten.dat` existiert und `bericht.txt` erstellt werden kann):

```
Studentendatei erfolgreich geöffnet.
Berichtsdatei erfolgreich geöffnet.
```

Erwartete Ausgabe (wenn `studenten.dat` *nicht* existiert):

```
FEHLER beim Öffnen der Studentendatei!
Studentendatei Status: 35 *> '35' bedeutet oft Datei nicht gefunden
```

Überprüfen Sie immer den `FILE STATUS` sofort nach `OPEN`. Ein fehlgeschlagenes Öffnen einer Datei bedeutet, dass nachfolgende `READ`- oder `WRITE`-Operationen fehlschlagen und das Programm oft abnormal beendet wird (Abend).

Lesen von Daten

Sobald eine Datei für `INPUT` oder `I-O` geöffnet ist, verwenden Sie das `READ`-Verb, um den nächsten verfügbaren Datensatz in der Sequenz abzurufen.

READ-Syntax (Sequenziell)

```
READ logischer-dateiname [NEXT RECORD]
    [AT END imperative-anweisung-1]
    [NOT AT END imperative-anweisung-2]
[END-READ]
```

- `READ logischer-dateiname`: Gibt die Datei an, aus der gelesen werden soll. `NEXT RECORD` ist optional und für sequenziellen Zugriff normalerweise impliziert.
- `AT END`: Diese Klausel ist für sequenzielle Lesezugriffe unerlässlich. Die Anweisungen nach `AT END` werden nur ausgeführt, wenn Sie versuchen, *über* den letzten Datensatz in der Datei hinaus zu lesen. Dies setzt typischerweise den `FILE STATUS` auf '10'.
- `NOT AT END`: Die Anweisungen nach `NOT AT END` werden nur ausgeführt, wenn ein Datensatz erfolgreich gelesen wurde (d. h. das Dateiende wurde nicht erreicht).
- `END-READ`: Der COBOL 85 Bereichsabgrenzer. Empfohlene Praxis.

Wenn ein `READ` erfolgreich ist, werden die Daten aus dem Datensatz in der Datei in den `01`-Stufen-Datensatzpuffer kopiert, der unter dem entsprechenden `FD`-Eintrag in der `FILE SECTION` definiert ist.

READ-Beispiel

```
*> Annahme: Dateien sind erfolgreich geöffnet wie im vorherigen Beispiel
*> und STUDENTEN-SATZ, WS-STUDENTEN-STATUS sind definiert.
WORKING-STORAGE SECTION.
01 WS-DATEIENDE-SCHALTER    PIC X VALUE 'N'.
   88 DATEIENDE-ERREICHT      VALUE 'Y'.

PROCEDURE DIVISION.
ERSTEN-SATZ-LESEN.
    READ STUDENTEN-DATEI
        AT END
            DISPLAY "Studentendatei ist leer oder bereits am Ende."
            MOVE 'Y' TO WS-DATEIENDE-SCHALTER
        NOT AT END
            IF STUDENT-OK
                DISPLAY "Ersten Datensatz erfolgreich gelesen:"
                DISPLAY STUDENTEN-SATZ *> Zeige den gesamten
Datensatzpuffer an
                *> Verarbeite die Daten in STUDENTEN-SATZ hier...
            ELSE
                DISPLAY "Fehler beim Lesen der Studentendatei!"
                DISPLAY "Dateistatus: " WS-STUDENTEN-STATUS
                MOVE 'Y' TO WS-DATEIENDE-SCHALTER *> Fehler als EOF
behandeln
            END-IF
    END-READ.

    *> ... potenziell hier schleifen, um mehr Datensätze zu lesen ...
    *> Denken Sie daran, Dateien später zu CLOSEn
    STOP RUN.
```

Erwartete Ausgabe (wenn studenten.dat **mindestens einen Datensatz hat):**

```
Ersten Datensatz erfolgreich gelesen:
<Inhalt der ersten 80 Bytes von studenten.dat>
```

Erwartete Ausgabe (wenn studenten.dat **leer ist):**

```
Studentendatei ist leer oder bereits am Ende.
```

Auch bei Verwendung von AT END und NOT AT END ist es ratsam, den spezifischen FILE STATUS-Wert innerhalb des NOT AT END-Blocks zu überprüfen, um andere Fehler als das Dateiende abzufangen (wie Hardwarefehler - Status '30').

Schreiben von Daten

Um Datensätze zu einer Datei hinzuzufügen, die für OUTPUT oder EXTEND geöffnet ist (oder in I-O zu aktualisieren), verwenden Sie das WRITE-Verb.

WRITE-Syntax (Sequenziell)

```
WRITE datensatz-beschreibung-name
    [FROM quell-datenelement]
```

- WRITE datensatz-beschreibung-name: Gibt den 01-Stufen-Datensatznamen an, der unter dem FD-Eintrag für die Datei definiert ist, in die Sie schreiben möchten.
- **Entscheidender Schritt:** Vor der Ausführung von WRITE **müssen** Sie die Felder innerhalb des Puffers datensatz-beschreibung-name (in der FILE SECTION) mit den Daten füllen, die Sie schreiben möchten, typischerweise mithilfe von MOVE-Anweisungen aus WORKING-STORAGE oder anderen Quellen.
- FROM quell-datenelement: Dies ist eine bequeme Abkürzung. Es entspricht MOVE quell-datenelement TO datensatz-beschreibung-name gefolgt von sofortigem WRITE datensatz-beschreibung-name. Das quell-datenelement ist oft ein 01-Stufen-Element in WORKING-STORAGE, das dasselbe Layout wie die Datensatzbeschreibung des FD hat.

WRITE-Beispiel

```
*> Annahme: BERICHTS-DATEI ist für OUTPUT geöffnet und BERICHTS-SATZ,
*> WS-BERICHTS-STATUS sind definiert.
WORKING-STORAGE SECTION.
01 WS-BERICHTSKOPF.
   05 FILLER            PIC X(10) VALUE SPACES.
   05 FILLER            PIC X(20) VALUE 'STUDENTENLISTENBERICHT'.
   05 FILLER            PIC X(102) VALUE SPACES. *> Auffüllen auf 132


PROCEDURE DIVISION.
BERICHTSKOPF-SCHREIBEN.
*-- Methode 1: Daten zuerst in den FD-Puffer verschieben
   MOVE WS-BERICHTSKOPF TO BERICHTS-SATZ.
   WRITE BERICHTS-SATZ.

*-- Status nach WRITE prüfen
   IF NOT BERICHT-OK
       DISPLAY "Fehler beim Schreiben des Berichtskopfs!"
       DISPLAY "Berichtsdatei Status: " WS-BERICHTS-STATUS
       *> Fehlerbehandlung
   END-IF.
```

```
*-- Methode 2: Verwendung von WRITE...FROM (prägnanter)
        INITIALIZE WS-BERICHTSKOPF *> Löschen (gute Praxis)
        MOVE '--- Ende des Berichts ---' TO WS-BERICHTSKOPF(11:23). *>
Beispiel modifizieren (Länge anpassen)
        WRITE BERICHTS-SATZ FROM WS-BERICHTSKOPF. *> Kombiniert MOVE und
WRITE

    *-- Status erneut prüfen
        IF NOT BERICHT-OK
            DISPLAY "Fehler beim Schreiben der Berichtsfußzeile!"
            DISPLAY "Berichtsdatei Status: " WS-BERICHTS-STATUS
            *> Fehlerbehandlung
        END-IF.

        *> ... Denken Sie daran, Dateien später zu CLOSEn ...
        STOP RUN.
```

*(Korrektur im Beispielcode: Referenzmodifikation (11:20) angepasst an die Länge von '---
Ende des Berichts ---', also (11:23).)*

Dieses Beispiel schreibt zwei Zeilen in die Datei berich.txt. Überprüfen Sie immer
den FILE STATUS nach WRITE, um potenzielle Fehler wie "Festplatte voll" oder Hard-
wareprobleme abzufangen.

Schließen von Dateien

Wenn Ihr Programm die Verarbeitung einer Datei abgeschlossen hat, müssen Sie sie
mit dem CLOSE-Verb **schließen**.

Warum Dateien schließen?

- **Ausgabepuffer:** Bei Ausgabedateien stellt CLOSE sicher, dass alle Daten, die
  sich noch in den temporären Speicherpuffern des Systems befinden, physisch
  auf die Festplatte geschrieben werden. Das Versäumnis, eine Ausgabedatei zu
  CLOSEn, führt oft zu einer unvollständigen oder leeren Datei.
- **Ressourcenfreigabe:** Es gibt die Verbindung zwischen Ihrem Programm und
  der Datei frei, sodass andere Programme oder Systemdienstprogramme
  darauf zugreifen können.
- **Dateiintegrität:** Es finalisiert Dateistatistiken und stellt sicher, dass die Datei in
  einem konsistenten Zustand hinterlassen wird.

CLOSE-Syntax

```
CLOSE logischer-dateiname-1 [logischer-dateiname-2] ...
```

Sie können mehrere Dateien in einer einzigen CLOSE-Anweisung schließen.

CLOSE-Beispiel

```
PROCEDURE DIVISION.
AUFRAEUMEN-UND-BEENDEN.
    DISPLAY "Verarbeitung abgeschlossen. Schließe Dateien.".
    CLOSE STUDENTEN-DATEI
          BERICHTS-DATEI.

*-- Statusprüfung bei CLOSE ist weniger üblich, aber möglich
    IF STUDENT-OK
        DISPLAY "Studentendatei erfolgreich geschlossen."
    ELSE
        DISPLAY "Warnung/Fehler beim Schließen der Studentendatei.
Status: "
                WS-STUDENTEN-STATUS
    END-IF.

    IF BERICHT-OK
        DISPLAY "Berichtsdatei erfolgreich geschlossen."
    ELSE
        DISPLAY "Warnung/Fehler beim Schließen der Berichtsdatei. Status:
"
                WS-BERICHTS-STATUS
    END-IF.

    STOP RUN.
```

Erwartete Ausgabe:

```
Verarbeitung abgeschlossen. Schließe Dateien.
Studentendatei erfolgreich geschlossen.
Berichtsdatei erfolgreich geschlossen.
```

Es ist gute Praxis, alle Dateien zu CLOSEn, bevor Ihr Programm mit STOP RUN endet.

Gängige Muster zur Verarbeitung sequentieller Dateien

Eine sehr häufige Aufgabe besteht darin, jeden Datensatz aus einer sequentiellen Eingabedatei zu lesen und zu verarbeiten, bis das Dateiende erreicht ist. Eine robuste und standardmäßige Methode zur Strukturierung dieser Logik ist die Verwendung des **Priming Read**-Musters.

Das Priming Read-Muster

1. Öffnen (OPEN) Sie die Eingabedatei.
2. Führen Sie einen initialen READ durch, **bevor** Sie die Hauptverarbeitungsschleife betreten. Dies "startet die Pumpe" (primes the pump).
3. Betreten Sie eine Schleife (PERFORM UNTIL die Dateiende-Bedingung erfüllt ist).
4. **Innerhalb der Schleife:**
   - Verarbeiten Sie den gerade gelesenen Datensatz (aus dem Priming Read bei der ersten Iteration oder dem Lesen am Ende der vorherigen Iteration).
   - Führen Sie die *nächste* READ-Operation am **Ende** der Schleifenverarbeitung durch.
5. Schließen (CLOSE) Sie die Datei, nachdem die Schleife beendet ist.

Priming Read-Beispiel

```
WORKING-STORAGE SECTION.
01 WS-DATEISTATUSFELDER.
   05 WS-STUDENTEN-STATUS PIC XX.
      88 STUDENT-OK        VALUE '00'.
      88 STUDENT-DATEIENDE VALUE '10'.
01 WS-DATEIENDE-KENNZEICHEN PIC X VALUE 'N'.
   88 ENDE-STUDENTENDATEI  VALUE 'Y'.
01 WS-SATZANZAHL           PIC 9(5) VALUE ZERO.

*> Annahme: STUDENTEN-DATEI und STUDENTEN-SATZ sind in FD definiert
DATA DIVISION.
FILE SECTION.
FD  STUDENTEN-DATEI.
01  STUDENTEN-SATZ         PIC X(80).

PROCEDURE DIVISION.
STUDENTENDATEI-VERARBEITEN.
    OPEN INPUT STUDENTEN-DATEI.
    IF NOT STUDENT-OK
        DISPLAY "Kann Studentendatei nicht öffnen. Status: " WS-
STUDENTEN-STATUS
        STOP RUN
    END-IF.

*-- Priming Read (Initiales Lesen)
    READ STUDENTEN-DATEI
        AT END
            MOVE 'Y' TO WS-DATEIENDE-KENNZEICHEN
        NOT AT END
            IF NOT STUDENT-OK
```

```
                    DISPLAY "Fehler beim initialen Lesen. Status: " WS-
STUDENTEN-STATUS
                    MOVE 'Y' TO WS-DATEIENDE-KENNZEICHEN *> Fehler als EOF
für Schleife behandeln
                END-IF
        END-READ.

    *-- Hauptverarbeitungsschleife
        PERFORM UNTIL ENDE-STUDENTENDATEI
    *------ Verarbeite den Datensatz, der sich aktuell im STUDENTEN-SATZ-
Puffer befindet
            ADD 1 TO WS-SATZANZAHL
            DISPLAY "Verarbeite Satz: " WS-SATZANZAHL
            DISPLAY STUDENTEN-SATZ
            *> ... Tatsächliche Verarbeitungslogik für den Datensatz kommt
hierhin ...

    *------ Lese den NÄCHSTEN Datensatz am Ende der Schleife
            READ STUDENTEN-DATEI
                AT END
                    MOVE 'Y' TO WS-DATEIENDE-KENNZEICHEN
                NOT AT END
                    IF NOT STUDENT-OK
                        DISPLAY "Fehler während des Lesens. Status: " WS-
STUDENTEN-STATUS
                        MOVE 'Y' TO WS-DATEIENDE-KENNZEICHEN *> Fehler als
EOF behandeln
                    END-IF
            END-READ
        END-PERFORM.

    *-- Nachdem die Schleife beendet ist
        DISPLAY "Verarbeitung beendet. Gesamt Sätze: " WS-SATZANZAHL.
        CLOSE STUDENTEN-DATEI.
        STOP RUN.
```

Diese Struktur stellt sicher, dass:

- Sie nicht versuchen, Daten zu verarbeiten, nachdem das Dateiende erkannt wurde.
- Die Schleifenbedingung (UNTIL ENDE-STUDENTENDATEI) geprüft wird, *bevor* versucht wird, einen Datensatz zu verarbeiten.
- Der erste gelesene Datensatz (Priming Read) korrekt verarbeitet wird.

Zusammenfassung des Kapitels

Dieses Kapitel führte Sie durch die praktischen Schritte der Arbeit mit sequentiellen Dateien. Sie lernten die Merkmale dieses grundlegenden Dateityps kennen und beherrschten die wesentlichen E/A-Verben: OPEN (mit seinen Modi: INPUT, OUTPUT, I-O, EXTEND), READ (Verständnis der entscheidenden AT END-Klausel), WRITE (Denken Sie daran, zuerst den Datensatzpuffer zu füllen oder FROM zu verwenden) und CLOSE (entscheidend für die Sicherstellung der Datenintegrität). Wir haben die absolute Notwendigkeit hervorgehoben, den FILE STATUS nach jeder Operation zu überprüfen. Schließlich stellten wir das standardmäßige und robuste "Priming Read"-Muster zur korrekten Verarbeitung aller Datensätze in einer sequentiellen Eingabedatei vor.

Sie können nun sicher aus einfachen sequentiellen Dateien lesen und in sie schreiben. Viele Anwendungen erfordern jedoch einen schnelleren Zugriff auf bestimmte Datensätze, ohne die gesamte Datei durchlesen zu müssen. Kapitel 9 wird **indizierte Dateien** vorstellen, eine fortgeschrittenere Organisation, die Schlüssel verwendet, um sowohl sequentiellen als auch direkten zufälligen Zugriff auf Datensätze zu ermöglichen, was viele weitere Möglichkeiten für interaktive Anwendungen eröffnet.

Kapitel 9: Handhabung indizierter Dateien

Im vorherigen Kapitel haben wir sequentielle Dateien untersucht, bei denen Datensätze nacheinander in der Reihenfolge ihres Erscheinens verarbeitet werden. Obwohl dies für viele Stapelverarbeitungsaufgaben einfach und effektiv ist, ist der sequentielle Zugriff nicht effizient, wenn Sie einen *bestimmten* Datensatz schnell abrufen oder aktualisieren müssen, ohne potenziell Millionen von vorangehenden Datensätzen lesen zu müssen. Stellen Sie sich vor, Sie müssten den Saldo eines einzelnen Kunden in einer riesigen Datei nachschlagen – sequentielles Lesen wäre viel zu langsam! Hier kommen **indizierte Dateien** ins Spiel, die eine wesentlich flexiblere Art des Datenzugriffs bieten. Dieses Kapitel baut auf den in Kapitel 7 eingeführten Dateiverarbeitungskonzepten auf und zeigt Ihnen, wie Sie Schlüssel für den direkten Zugriff nutzen können.

Einführung in ISAM/VSAM-Konzepte

Die Magie hinter indizierten Dateien liegt in der Kombination der Daten selbst und einem oder mehreren **Indizes**. Denken Sie an den Index am Ende dieses Buches: Er enthält nicht alle Informationen, aber er listet Schlüsselbegriffe (die **Schlüssel**) und Verweise (Seitenzahlen) darauf auf, wo Sie die vollständigen Details (die **Datensätze**) finden können.

Indizierte Dateisysteme funktionieren ähnlich:

- Die Datensätze werden gespeichert (oft so, dass sie ungefähr in Schlüsselreihenfolge gehalten werden).
- Eine separate Indexstruktur wird gepflegt, die den Schlüsselwert für jeden Datensatz und einen Zeiger auf den Speicherort des Datensatzes im Datenbereich enthält.

Wenn Sie direkt auf einen Datensatz zugreifen möchten (wahlfreier Zugriff / Random Access), schlägt das System zuerst den Schlüssel im Index nach, der es schnell zum richtigen Datensatz führt. Dies ist viel schneller als sequentielles Lesen.

Gängige zugrunde liegende Technologien, die dies auf Mainframes implementieren, umfassen IBMs **VSAM** (Virtual Storage Access Method), insbesondere KSDS (Key-Sequenced Data Set). Auf anderen Plattformen können unterschiedliche Dateisysteme oder Datenbanken indizierte Fähigkeiten bereitstellen, die über COBOL zugänglich sind. Obwohl die zugrunde liegende Technologie variiert, bleiben die COBOL-Konzepte zur Definition und zum Zugriff auf indizierte Dateien weitgehend konsistent mit dem COBOL 85-Standard.

Definieren indizierter Dateien in FILE-CONTROL

Um eine indizierte Datei zu verwenden, müssen Sie im `FILE-CONTROL`-Paragraphen innerhalb der `ENVIRONMENT DIVISION` spezifischere Informationen angeben.

```
ENVIRONMENT DIVISION.
INPUT-OUTPUT SECTION.
FILE-CONTROL.
    SELECT logischer-dateiname
        ASSIGN TO system-datei-identifikator
        ORGANIZATION IS INDEXED
        ACCESS MODE IS zugriffsmodus *> SEQUENTIAL, RANDOM, oder DYNAMIC
        RECORD KEY IS primaerschluessel-feldname
        [ALTERNATE RECORD KEY IS altschluessel-feldname [WITH
DUPLICATES]]
        FILE STATUS IS status-variable.
```

Konzentrieren wir uns auf die für indizierte Dateien spezifischen Klauseln:

- `ORGANIZATION IS INDEXED`: Teilt COBOL explizit mit, dass Sie mit einer indizierten Dateistruktur arbeiten.
- `ACCESS MODE IS`: Bestimmt, wie Sie Datensätze abrufen können:
  - `SEQUENTIAL`: Auf Datensätze wird in der Reihenfolge des `RECORD KEY` (Primärschlüssel) zugegriffen. Sie verwenden `READ NEXT RECORD`. Ähnlich der sequentiellen Dateiverarbeitung, aber die Reihenfolge wird durch den Schlüssel bestimmt, nicht durch die physische Platzierung.
  - `RANDOM`: Auf Datensätze wird direkt durch Angabe eines spezifischen Schlüsselwerts zugegriffen. Sie verwenden `READ`, `WRITE`, `REWRITE`, `DELETE` basierend auf dem von Ihnen angegebenen Schlüssel.
  - `DYNAMIC`: Ermöglicht den Wechsel zwischen `SEQUENTIAL`- und `RANDOM`-Zugriff innerhalb desselben Programmlaufs. Sie könnten eine Weile sequentiell lesen, dann mit `READ...KEY` zu einem bestimmten Datensatz springen und dann mit `READ NEXT` sequentiell von diesem Punkt an fortfahren. Dies erfordert die sorgfältige Verwendung des `START`-Verbs (später besprochen).

- RECORD KEY IS primaerschluessel-feldname: Dies ist für indizierte Dateien **obligatorisch**. Es benennt ein Datenfeld (definiert innerhalb der Datensatzbeschreibung der Datei in der FILE SECTION), das jeden Datensatz eindeutig identifiziert. Dieses Feld **muss** für jeden Datensatz in der Datei einen eindeutigen Wert haben. Gängige Beispiele sind Kunden-ID, Sozialversicherungsnummer, Bestellnummer usw.
- ALTERNATE RECORD KEY IS altschluessel-feldname [WITH DUPLICATES]: Diese optionale Klausel ermöglicht die Definition sekundärer Zugriffspfade. Sie können Datensätze basierend auf dem Wert in altschluessel-feldname sowie dem RECORD KEY abrufen.
  - Wenn WITH DUPLICATES angegeben ist, können mehrere Datensätze denselben Wert für diesen Alternativschlüssel haben (z. B. Suche nach Kundenname, wobei mehrere Kunden denselben Namen haben könnten).
  - Wenn WITH DUPLICATES weggelassen wird, muss auch der Alternativschlüssel eindeutig sein.
  - Sie können mehrere Alternativschlüssel definieren.
- FILE STATUS IS status-variable: Immer noch kritisch, aber jetzt meldet es neue Statuscodes, die spezifisch für indizierte Operationen sind, wie '22' (Doppelschlüssel) oder '23' (Datensatz nicht gefunden).

Definieren von Datensatzlayouts in der FILE SECTION

Wie bei sequentiellen Dateien definieren Sie die Datensatzstruktur in der FILE SECTION mithilfe eines FD-Eintrags, gefolgt von 01-Stufen-Datensatzbeschreibungen. Der entscheidende Unterschied besteht darin, dass das/die in den RECORD KEY- (und allen ALTERNATE RECORD KEY-) Klauseln genannte(n) Datenelement(e) **als Felder innerhalb dieser Datensatzbeschreibung definiert sein müssen**.

```
       DATA DIVISION.
       FILE SECTION.
       FD  PRODUKT-STAMMDATEI
           LABEL RECORDS ARE STANDARD. *> Beispiel Standardklausel
       01  PRODUKT-DATENSATZ.
           05 PROD-NUMMER         PIC 9(8).   *> Dies IST das RECORD KEY Feld
           05 PROD-BESCHREIBUNG   PIC X(40).
           05 PROD-LIEFERANT-CODE PIC X(6).   *> Potenzieller ALTERNATE KEY
           05 PROD-EINHEITSPREIS  PIC 9(5)V99.
           05 PROD-BESTANDSMENGE  PIC S9(5).

       WORKING-STORAGE SECTION.
       01 WS-DATEISTATUSFELDER.
          05 WS-PROD-STATUS     PIC XX.
```

```
            88 PROD-OK          VALUE '00'.
            88 PROD-DATEIENDE   VALUE '10'. *> Dateiende bei sequentiellem Lesen
            88 PROD-SCHLUESSEL-DOPPELT VALUE '22'. *> Doppelschlüssel bei
WRITE/REWRITE
            88 PROD-NICHT-GEFUNDEN VALUE '23'. *> Datensatz nicht gefunden bei
READ/START
            88 PROD-ALT-SCHLUESSEL-DOPPELT VALUE '21'. *> Problem
Doppelschlüssel Alternativ

        01 WS-ZU-SUCHENDE-PROD-NUMMER PIC 9(8).
```

Beachten Sie, wie PROD-NUMMER innerhalb von PRODUKT-DATENSATZ definiert ist. Wenn wir zufällig auf ein Produkt zugreifen möchten, werden wir die gewünschte Produktnummer in PROD-NUMMER MOVEn, *bevor* wir den zufälligen READ durchführen.

E/A-Verben für indizierte Dateien

Die grundlegenden E/A-Verben (OPEN, READ, WRITE, CLOSE) werden verwendet, aber ihr Verhalten, insbesondere für READ, WRITE, REWRITE und DELETE, ändert sich signifikant je nach ACCESS MODE und ob Sie einen Schlüssel angeben. Ein neues Verb, START, wird ebenfalls zur Positionierung innerhalb der Datei eingeführt.

OPEN

Funktioniert ähnlich wie bei sequentiellen Dateien, wobei INPUT, OUTPUT oder I-O angegeben wird.

*   OPEN OUTPUT: Erstellt normalerweise eine *neue*, leere indizierte Datei. Wenn die Datei existiert, wird sie möglicherweise überschrieben oder verursacht je nach System einen Fehler. Datensätze müssen dann in aufsteigender RECORD KEY-Reihenfolge geschrieben werden, wenn ACCESS IS SEQUENTIAL ist, oder in beliebiger Reihenfolge, wenn ACCESS IS RANDOM oder DYNAMIC ist.
*   OPEN INPUT oder OPEN I-O: Öffnet eine *vorhandene* indizierte Datei. Die Datei muss existieren.
*   Überprüfen Sie immer FILE STATUS nach OPEN.

READ

*   **Sequentieller Zugriff** (ACCESS IS SEQUENTIAL **oder** DYNAMIC):

```
        READ PRODUKT-STAMMDATEI NEXT RECORD
            AT END
                MOVE 'Y' TO WS-DATEIENDE-KENNZEICHEN *> Angenommene
    Variable
            NOT AT END
```

```
                    *> Verarbeite PRODUKT-DATENSATZ
        END-READ.
```

Dies liest Datensätze sequentiell basierend auf der RECORD KEY-Reihenfolge.
AT END erkennt das Dateiende.

- **Zufälliger Zugriff** (ACCESS IS RANDOM oder DYNAMIC):

```
        *> Den zu suchenden Schlüsselwert angeben
        MOVE WS-ZU-SUCHENDE-PROD-NUMMER TO PROD-NUMMER. *> Das RECORD KEY
Feld

        READ PRODUKT-STAMMDATEI *> KEY IS Klausel ist implizit durch
random/dynamic
            INVALID KEY
                DISPLAY "Produkt nicht gefunden. Schlüssel: " PROD-NUMMER
                *> Bedingung 'Datensatz nicht gefunden' behandeln (Status
'23')
            NOT INVALID KEY
                *> Datensatz gefunden, Daten sind jetzt in PRODUKT-
DATENSATZ
                DISPLAY "Produkt gefunden: " PROD-BESCHREIBUNG
                *> Datensatz verarbeiten
        END-READ.

    *-- ODER, Verwendung expliziter FILE STATUS Prüfung (Empfohlen)
        MOVE WS-ZU-SUCHENDE-PROD-NUMMER TO PROD-NUMMER.
        READ PRODUKT-STAMMDATEI.
        IF PROD-OK
            DISPLAY "Produkt gefunden: " PROD-BESCHREIBUNG
            *> Datensatz verarbeiten
        ELSE
            IF PROD-NICHT-GEFUNDEN
                DISPLAY "Produkt nicht gefunden. Schlüssel: " PROD-NUMMER
            ELSE
                DISPLAY "Fehler beim Lesen der Produktdatei!"
                DISPLAY "Dateistatus: " WS-PROD-STATUS
                *> Andere Fehler behandeln
            END-IF
        END-IF.
```

Entscheidend: Sie müssen den gewünschten Schlüsselwert in das im FD
definierte RECORD KEY-Feld MOVEn, *bevor* Sie den zufälligen READ ausführen.
Die INVALID KEY-Phrase wird durch spezifische Fehlerbedingungen ausgelöst
(hauptsächlich 'Datensatz nicht gefunden', Status '23'). Die Überprüfung von

FILE STATUS liefert detailliertere Fehlerinformationen und wird im Allgemeinen bevorzugt.

WRITE

Wird verwendet, um *neue* Datensätze zur Datei hinzuzufügen.

```
    *> Den gesamten PRODUKT-DATENSATZ Puffer in FILE SECTION füllen
    MOVE 12345678 TO PROD-NUMMER.
    MOVE "Neues Gadget Modell X" TO PROD-BESCHREIBUNG.
    MOVE "LIEF01" TO PROD-LIEFERANT-CODE. *> Angepasster Wert
    MOVE 99.95 TO PROD-EINHEITSPREIS.
    MOVE 100 TO PROD-BESTANDSMENGE.

    WRITE PRODUKT-DATENSATZ
        INVALID KEY
            DISPLAY "Fehler beim Schreiben: Doppelte Produktnummer
vorhanden."
            DISPLAY "Schlüssel: " PROD-NUMMER
            *> Fehler 'Doppelschlüssel' behandeln (Status '22')
        NOT INVALID KEY
            DISPLAY "Neues Produkt erfolgreich hinzugefügt."
    END-WRITE.

  *-- ODER, Verwendung expliziter FILE STATUS Prüfung (Empfohlen)
    WRITE PRODUKT-DATENSATZ.
    IF PROD-OK
        DISPLAY "Neues Produkt erfolgreich hinzugefügt."
    ELSE
        IF PROD-SCHLUESSEL-DOPPELT
            DISPLAY "Fehler beim Schreiben: Doppelte Produktnummer
vorhanden."
            DISPLAY "Schlüssel: " PROD-NUMMER
        ELSE
            DISPLAY "Fehler beim Schreiben der Produktdatei!"
            DISPLAY "Dateistatus: " WS-PROD-STATUS
            *> Andere Fehler behandeln
        END-IF
    END-IF.
```

Sie müssen zuerst den Datensatzpuffer füllen und sicherstellen, dass das RECORD KEY-Feld den eindeutigen Schlüssel für den neuen Datensatz enthält. INVALID KEY wird typischerweise ausgelöst, wenn bereits ein Datensatz mit diesem RECORD KEY existiert (Status '22').

REWRITE

Wird verwendet, um einen vorhandenen Datensatz zu *aktualisieren* oder *zu ändern*.

```
WORKING-STORAGE SECTION. *> Annahme, dass diese Variable existiert
01 WS-ZU-AKTUALISIERENDE-PROD-NUMMER PIC 9(8).
...
PROCEDURE DIVISION.
...
AKTUALISIERE-PRODUKT.
*-- SCHRITT 1: Den zu aktualisierenden Datensatz erfolgreich LESEN
(essenziell!)
        MOVE WS-ZU-AKTUALISIERENDE-PROD-NUMMER TO PROD-NUMMER.
        READ PRODUKT-STAMMDATEI.
        IF PROD-OK
*-- SCHRITT 2: Felder (normalerweise NICHT den RECORD KEY) in PRODUKT-
DATENSATZ ändern
            DISPLAY "Aktualisiere Produkt: " PROD-BESCHREIBUNG.
            MOVE 150.00 TO PROD-EINHEITSPREIS. *> Preis ändern
            ADD 50 TO PROD-BESTANDSMENGE.   *> Menge erhöhen

*-- SCHRITT 3: Den modifizierten Datensatzpuffer ZURÜCKSCHREIBEN
            REWRITE PRODUKT-DATENSATZ
                INVALID KEY
                    DISPLAY "Fehler beim Zurückschreiben des Datensatzes!"
                    DISPLAY "Schlüssel: " PROD-NUMMER
                    DISPLAY "Dateistatus: " WS-PROD-STATUS *> Sollte nicht
passieren, wenn Lesen funktionierte
                NOT INVALID KEY
                    DISPLAY "Produkt erfolgreich aktualisiert."
            END-REWRITE
        ELSE
            DISPLAY "Kann nicht aktualisieren - Produkt nicht gefunden.
Schlüssel: " PROD-NUMMER
        END-IF.
```

Entscheidende Voraussetzung: Sie *müssen* einen erfolgreichen READ für den Datensatz durchführen, bevor Sie ihn REWRITEn können. Sie ändern dann die Daten direkt im FD-Datensatzpuffer (PRODUKT-DATENSATZ in diesem Fall) und geben das REWRITE-Kommando aus. Der Versuch, ohne vorherigen READ zu REWRITEn oder den RECORD KEY-Wert zwischen READ und REWRITE zu ändern, führt normalerweise zu einem Fehler. INVALID KEY signalisiert hier oft einen Logikfehler (wie der Versuch, einen nicht gelesenen Datensatz zurückzuschreiben).

DELETE

Wird verwendet, um Datensätze aus der Datei zu entfernen.

```
        WORKING-STORAGE SECTION. *> Annahme, dass diese Variable existiert
        01 WS-ZU-LOESCHENDE-PROD-NUMMER PIC 9(8).
        ...
        PROCEDURE DIVISION.
        LOESCHE-PRODUKT.
  *-- Zufälliges DELETE
        MOVE WS-ZU-LOESCHENDE-PROD-NUMMER TO PROD-NUMMER.
        DELETE PRODUKT-STAMMDATEI RECORD *> 'RECORD' ist optionales Füllwort
            INVALID KEY
                DISPLAY "Kann nicht löschen - Produkt nicht gefunden."
                DISPLAY "Schlüssel: " PROD-NUMMER
            NOT INVALID KEY
                DISPLAY "Produkt erfolgreich gelöscht."
        END-DELETE.

  *-- Sequentielles DELETE (erfordert ACCESS DYNAMIC oder SEQUENTIAL und
  vorherigen READ)
   *    READ PRODUKT-STAMMDATEI NEXT RECORD.
   *    IF PROD-OK AND (eine Löschbedingung ist erfüllt)
   *        DELETE PRODUKT-STAMMDATEI RECORD
   *            INVALID KEY DISPLAY "Fehler beim sequentiellen Löschen"
   *            NOT INVALID KEY DISPLAY "Datensatz sequentiell gelöscht"
   *        END-DELETE.
   *    END-IF.
```

Für zufälliges Löschen (ACCESS RANDOM oder DYNAMIC), MOVEn Sie den Schlüssel in das RECORD KEY-Feld und geben Sie DELETE aus. INVALID KEY bedeutet normalerweise, dass der Datensatz nicht existierte (Status '23'). Für sequentielles Löschen (ACCESS SEQUENTIAL oder DYNAMIC) müssen Sie zuerst den Datensatz READen, den Sie löschen möchten, und dann den DELETE-Befehl ausgeben.

START

Wird mit ACCESS IS DYNAMIC oder SEQUENTIAL verwendet, um die Startposition für nachfolgende sequentielle Lesezugriffe (READ NEXT) festzulegen. Es findet den *ersten* Datensatz, der einen Vergleich mit dem RECORD KEY erfüllt.

```
        WORKING-STORAGE SECTION.
        01 WS-START-SCHLUESSEL      PIC 9(8).
        *> Annahme: WS-DATEIENDE-KENNZEICHEN existiert wie in READ-Beispiel
        01 WS-DATEIENDE-KENNZEICHEN PIC X VALUE 'N'.
           88 PROD-DATEIENDE           VALUE 'Y'. *> Passender Name

        PROCEDURE DIVISION.
        DATEI-POSITIONIEREN.
```

```
             MOVE 50000000 TO PROD-NUMMER. *> WS-START-SCHLUESSEL könnte verwendet
werden,
                                       *> aber START bezieht sich auf das
Schlüsselfeld im FD.

     *-- Positionieren auf den ersten Datensatz mit Schlüssel >= PROD-NUMMER
          START PRODUKT-STAMMDATEI KEY IS GREATER THAN OR EQUAL TO PROD-NUMMER
               INVALID KEY
                    DISPLAY "Keine Produkte gefunden ab Schlüssel: " PROD-NUMMER
                    MOVE 'Y' TO WS-DATEIENDE-KENNZEICHEN *> Als Dateiende für
nachfolgende Lesezugriffe behandeln
               NOT INVALID KEY
                    DISPLAY "Datei erfolgreich positioniert. Bereit für
sequentielles Lesen."
                    *> Jetzt können Sie eine Schleife mit READ NEXT RECORD
PERFORMen
          END-START.

     *-- Status prüfen (Empfohlen)
          IF PROD-OK
               DISPLAY "Datei positioniert. Nächstes Lesen holt Schlüssel: "
PROD-NUMMER
               PERFORM DATENSAETZE-LESEN-UND-VERARBEITEN UNTIL PROD-DATEIENDE *>
Beispiel-Paragraph
          ELSE
               IF PROD-NICHT-GEFUNDEN
                    DISPLAY "Keine Produkte erfüllen START-Bedingung. Schlüssel:
" PROD-NUMMER
               ELSE
                    DISPLAY "Fehler bei START-Operation!"
                    DISPLAY "Dateistatus: " WS-PROD-STATUS
               END-IF
          END-IF.

DATENSAETZE-LESEN-UND-VERARBEITEN. *> Beispiel-Paragraph für Schleife
     *    READ PRODUKT-STAMMDATEI NEXT RECORD AT END MOVE 'Y' TO WS-DATEIENDE-
KENNZEICHEN.
     *    IF NOT PROD-DATEIENDE AND PROD-OK
     *         *> Verarbeite PRODUKT-DATENSATZ
     *    ELSE
     *         IF NOT PROD-DATEIENDE *> Nur Fehler loggen, wenn nicht EOF
     *              DISPLAY "Fehler beim sequentiellen Lesen, Status: " WS-PROD-
STATUS
     *              MOVE 'Y' TO WS-DATEIENDE-KENNZEICHEN *> Fehler als EOF
behandeln
     *         END-IF
     *    END-IF.
```

```
*    ...
```

Sie MOVEn den gewünschten Startschlüsselwert in das RECORD KEY-Feld (PROD-NUMMER). Die KEY IS-Phrase gibt den Vergleich an (EQUAL TO, GREATER THAN, NOT LESS THAN usw.). INVALID KEY (oder Status '23') bedeutet, dass kein Datensatz in der Datei die Bedingung erfüllte. Nach einem erfolgreichen START ruft der nächste READ NEXT RECORD den Datensatz ab, der die START-Bedingung erfüllte.

Handhabung von Doppelschlüsseln und Dateistatusfehlern

Wie durchgehend betont, ist die Überprüfung von FILE STATUS bei der Arbeit mit indizierten Dateien aufgrund der Vielzahl von Dingen, die schiefgehen können, von größter Bedeutung.

Wichtige Dateistatuscodes für indizierte Dateien:

Status	Bedeutung	Häufige Verben
00	Erfolg	Alle
10	Dateiende	READ NEXT
21	Sequenzfehler / Ungültige Schlüsseländerung	WRITE (Sequentiell), REWRITE
22	Doppelschlüssel (Primär oder eindeutiger Alternativ)	WRITE, REWRITE
23	Datensatz nicht gefunden	READ (Zufällig), START, DELETE, REWRITE
24	Schlüssel außerhalb Dateigrenzen / Festplatte voll	WRITE, REWRITE
30	Permanenter E/A-Fehler	Alle
35	Datei nicht gefunden	OPEN
39	Dateiattribut-Konflikt	OPEN
4x	Logikfehler, Grenzüberschreitungen usw.	Variiert

Verwenden Sie IF-Anweisungen oder die EVALUATE-Anweisung (aus Kapitel 6), um die FILE STATUS-Variable nach jeder E/A-Operation zu testen und basierend auf dem Ergebnis geeignete Maßnahmen zu ergreifen.

```
PROCEDURE DIVISION.
BEARBEITE-IO-STATUS. *> Beispiel-Paragraph
    EVALUATE WS-PROD-STATUS
        WHEN '00'  *> Erfolg
            CONTINUE *> Oder Erfolgslogik durchführen
        WHEN '10'  *> Dateiende
            MOVE 'Y' TO WS-DATEIENDE-KENNZEICHEN
```

```
        WHEN '22'  *> Doppelschlüssel
            PERFORM BEHANDLE-DOPPELTES-PRODUKT *> Beispiel-Paragraph
        WHEN '23'  *> Datensatz nicht gefunden
            PERFORM BEHANDLE-PRODUKT-NICHT-GEFUNDEN *> Beispiel-Paragraph
        WHEN OTHER *> Unerwarteter Fehler
            DISPLAY "Unerwarteter Produktdatei-Fehler!"
            DISPLAY "Dateistatus: " WS-PROD-STATUS
            PERFORM VERARBEITUNG-ABBRECHEN *> Beispiel-Paragraph
    END-EVALUATE.
```

Obwohl die Phrasen INVALID KEY und NOT INVALID KEY existieren und die häufigsten Bedingungen 'nicht gefunden' oder 'Doppelschlüssel' direkt innerhalb der E/A-Anweisung behandeln können, verbirgt die ausschließliche Verwendung dieser Phrasen andere potenzielle Fehlercodes. Die Überprüfung der FILE STATUS-Variable bietet die umfassendste Fehlererkennung.

Zusammenfassung des Kapitels

Dieses Kapitel erschloss die Leistungsfähigkeit indizierter Dateien in COBOL. Sie haben gelernt, wie die ORGANIZATION IS INDEXED-Klausel zusammen mit ACCESS MODE (SEQUENTIAL, RANDOM, DYNAMIC) und der entscheidenden RECORD KEY-Spezifikation in FILE-CONTROL eine effiziente Datenabfrage ermöglicht. Wir haben untersucht, wie sich die Standard-E/A-Verben bei indizierten Dateien unterschiedlich verhalten, und zufällige READ-, WRITE-, REWRITE- und DELETE-Operationen basierend auf Schlüsselwerten eingeführt. Das START-Verb wurde zur Positionierung innerhalb der Datei für dynamischen Zugriff vorgestellt. Durchgehend haben wir die absolute Notwendigkeit bekräftigt, die FILE STATUS-Variable nach jeder Operation sorgfältig zu überprüfen, um Bedingungen wie 'Datensatz nicht gefunden' und 'Doppelschlüssel' korrekt zu behandeln.

Indizierte Dateien bieten einen signifikanten Vorteil gegenüber sequentiellen Dateien, wenn direkter Datensatzzugriff benötigt wird. Es gibt jedoch noch eine weitere primäre Dateiorganisation, die in COBOL üblich ist: relative Dateien, die auf Datensätze basierend auf ihrer numerischen Position innerhalb der Datei zugreifen. Kapitel 10 wird sich mit dieser Organisation befassen.

Kapitel 10: Arbeiten mit relativen Dateien

In den vorangegangenen Kapiteln haben wir sequentielle Dateien (Kapitel 8) untersucht, bei denen Daten der Reihe nach verarbeitet werden, und indizierte Dateien
(Kapitel 9), die einen flexiblen Zugriff basierend auf Datensatzschlüsseln ermöglichen.
COBOL bietet noch eine weitere primäre Dateiorganisation: **relative Dateien**. Anstatt
auf Datensätze sequentiell oder über einen im Datensatz eingebetteten Schlüssel
zuzugreifen, ermöglichen relative Dateien den Zugriff basierend auf der numerischen
Position eines Datensatzes oder der **Slot-Nummer** innerhalb der Datei. Stellen Sie es
sich wie den Zugriff auf Elemente in einem Array mithilfe eines Index vor. Dieses
Kapitel erklärt, wie Sie Daten mithilfe dieses positionalen Ansatzes definieren, darauf
zugreifen und verwalten.

Verständnis der relativen Dateiorganisation

Stellen Sie sich eine Datei als eine vordefinierte Reihe von Slots fester Größe vor, die
fortlaufend ab 1 nummeriert sind. Jeder Slot kann entweder einen Datensatz enthalten oder als leer betrachtet werden.

- **Slots:** Der Dateibereich ist in Speicherorte fester Länge unterteilt.
- **Relative Satznummer (Relative Record Number - RRN):** Jeder Slot wird
  durch seine eindeutige positive Ganzzahlposition (1, 2, 3, ...) identifiziert. Diese
  RRN ist die "Adresse", die für den direkten Zugriff verwendet wird.
- **Zugriff:** Sie können sequentiell lesen/schreiben (Verarbeitung von
  Datensätzen in RRN-Reihenfolge, wobei leere Slots normalerweise über-
  sprungen werden) oder zufällig (direkter Zugriff auf Slot Nummer n durch
  Angabe der Nummer n).
- **Satzlänge:** Relative Dateien enthalten typischerweise Datensätze fester Länge,
  wodurch sichergestellt wird, dass jeder Slot dieselbe Größe hat.

Diese Struktur ist effizient, wenn Sie die Positionsnummer des gewünschten
Datensatzes leicht anhand externer Informationen bestimmen können.

Definieren relativer Dateien in FILE-CONTROL

Wie bei anderen Dateitypen werden die Besonderheiten im FILE-CONTROL-Paragraphen deklariert.

```
ENVIRONMENT DIVISION.
INPUT-OUTPUT SECTION.
FILE-CONTROL.
    SELECT logischer-dateiname
        ASSIGN TO system-datei-identifikator
        ORGANIZATION IS RELATIVE
        ACCESS MODE IS zugriffsmodus *> SEQUENTIAL, RANDOM, oder DYNAMIC
        RELATIVE KEY IS relativschluessel-variable *> Erforderlich für
RANDOM/DYNAMIC
        FILE STATUS IS status-variable.
```

Schlüsselklauseln für relative Dateien:

- ORGANIZATION IS RELATIVE: Deklariert, dass die Datei relative Organisation verwendet.
- ACCESS MODE IS:
    - SEQUENTIAL: Auf Datensätze wird in aufsteigender Reihenfolge der Relativen Satznummer (RRN) zugegriffen. Leere Slots werden beim Lesen typischerweise übersprungen. Schreibvorgänge fügen an die nächste verfügbare Slot-Nummer an.
    - RANDOM: Auf Datensätze wird direkt zugegriffen, indem die gewünschte RRN in der RELATIVE KEY-Variable bereitgestellt wird.
    - DYNAMIC: Ermöglicht den Wechsel zwischen SEQUENTIAL- und RANDOM-Zugriff unter Verwendung von READ NEXT und direkten E/A-Verben basierend auf dem RELATIVE KEY.
- RELATIVE KEY IS relativschluessel-variable: Diese Klausel ist **obligatorisch**, wenn ACCESS MODE RANDOM oder DYNAMIC ist. Sie benennt ein Datenelement (definiert in WORKING-STORAGE), das die Relative Satznummer (die Slot-Nummer) enthält, auf die Sie direkt zugreifen möchten. Dieses Datenelement *muss* als vorzeichenlose Ganzzahl (PIC 9(...)) definiert sein.

Definieren von Datensatzlayouts in der FILE SECTION

Der FD-Eintrag und die 01-Stufen-Datensatzbeschreibung in der FILE SECTION definieren die Struktur der Daten innerhalb jedes Slots, ähnlich wie bei sequentiellen Dateien.

```
       DATA DIVISION.
       FILE SECTION.
       FD  DIREKTZUGRIFFS-DATEI
           LABEL RECORDS ARE STANDARD.
       01  DZ-DATENSATZ.
           05 DZ-DATENFELD-1    PIC X(50).
           05 DZ-NUMERISCHES-FELD PIC 9(7).
           05 DZ-STATUS-KENNZEICHEN PIC X.
           *> Hinweis: Die RRN ist normalerweise NICHT Teil des Datensatzes
 selbst.
```

Im Gegensatz zu indizierten Dateien, bei denen der RECORD KEY Teil der Datensatz-struktur ist, wird die RELATIVE KEY-Variable normalerweise *nicht* im Dateidatensatz selbst gespeichert. Es ist eine separate Variable, die von Ihrem Programm verwendet wird, um COBOL mitzuteilen, *mit welcher Slot-Nummer* interagiert werden soll.

Das RELATIVE KEY-Datenelement

Die in der RELATIVE KEY-Klausel benannte Variable ist entscheidend für den wahl-freien Zugriff.

- **Definition:** Sie muss in WORKING-STORAGE (oder potenziell in der LINKAGE SECTION, behandelt in Kapitel 13) definiert werden.
- **Format:** Es muss ein vorzeichenloses Ganzzahl-Datenelement sein (z. B. PIC 9(8)). Seine Größe sollte ausreichen, um die höchstmögliche Satznummer für die Datei aufzunehmen.
- **Verwendung:** Bevor Sie einen zufälligen READ, WRITE, REWRITE oder DELETE durchführen, **müssen** Sie die gewünschte Slot-Nummer (RRN) in diese REL-ATIVE KEY-Variable MOVEn.

```
       WORKING-STORAGE SECTION.
       01 WS-DATEISTEUERUNGSFELDER.
          05 WS-DZ-STATUS          PIC XX.
             88 DZ-OK              VALUE '00'.
             88 DZ-DATEIENDE       VALUE '10'. *> Dateiende (sequentielles Lesen)
             88 DZ-SLOT-BELEGT     VALUE '22'. *> Slot belegt (zufälliges WRITE)
             88 DZ-SLOT-LEER       VALUE '23'. *> Slot leer (READ/REWRITE/DELETE)
             88 DZ-AUSSERHALB-GRENZEN VALUE '24'. *> RRN zu groß oder ungültig
          05 WS-RELATIVE-SATZNUMMER PIC 9(8). *> Dies ist die RELATIVE KEY
 Variable
```

Hier ist WS-RELATIVE-SATZNUMMER die Variable, die als RELATIVE KEY in der SELECT-Anweisung festgelegt wurde.

E/A-Verben für relative Dateien

Sehen wir uns an, wie die Standard-E/A-Verben mit relativen Dateien funktionieren.

OPEN

- OPEN INPUT: Öffnet eine vorhandene relative Datei zum Lesen.
- OPEN OUTPUT: Erstellt eine neue relative Datei. Je nach System kann dies konzeptionell Speicherplatz vorab zuweisen oder sie einfach für Schreibvorgänge vorbereiten.
- OPEN I-O: Öffnet eine vorhandene relative Datei zum Lesen, Schreiben und Zurückschreiben.
- Überprüfen Sie FILE STATUS ('35', wenn Datei bei INPUT/I-O nicht gefunden wird).

READ

- **Sequentiell** (ACCESS SEQUENTIAL **oder** DYNAMIC **mit** NEXT):

```
        READ DIREKTZUGRIFFS-DATEI NEXT RECORD
            AT END
                MOVE 'Y' TO WS-DATEIENDE-KENNZEICHEN *> Angenommene
Variable
            NOT AT END
                *> Nächsten nicht-leeren Slot erfolgreich gelesen. Daten
in DZ-DATENSATZ.
                *> Die RRN des gerade gelesenen Datensatzes wird oft
automatisch
                *> in die RELATIVE KEY Variable (WS-RELATIVE-SATZNUMMER)
platziert.
                DISPLAY "Lese Seq Satz #: " WS-RELATIVE-SATZNUMMER
                *> Verarbeite DZ-DATENSATZ
        END-READ.
```

Liest den Datensatz aus dem *nächsten belegten Slot* in aufsteigender RRN-Reihenfolge. Leere Slots werden übersprungen. AT END signalisiert das Dateiende.

- **Zufällig** (ACCESS RANDOM **oder** DYNAMIC):

```
        MOVE 50 TO WS-RELATIVE-SATZNUMMER. *> Ziel-Slot #50
        READ DIREKTZUGRIFFS-DATEI
            INVALID KEY
                DISPLAY "Satz nicht gefunden oder Slot leer. RRN: " WS-
RELATIVE-SATZNUMMER
            NOT INVALID KEY
                DISPLAY "Satz gefunden bei RRN: " WS-RELATIVE-SATZNUMMER
```

```
                    *> Verarbeite Daten jetzt im DZ-DATENSATZ Puffer
          END-READ.

   *-- ODER, Verwendung expliziter FILE STATUS Prüfung (Empfohlen)
          MOVE 50 TO WS-RELATIVE-SATZNUMMER.
          READ DIREKTZUGRIFFS-DATEI.
          IF DZ-OK
              DISPLAY "Satz gefunden bei RRN: " WS-RELATIVE-SATZNUMMER
              *> Verarbeite DZ-DATENSATZ
          ELSE
              IF DZ-SLOT-LEER
                  DISPLAY "Slot leer. RRN: " WS-RELATIVE-SATZNUMMER
              ELSE
                  DISPLAY "Fehler beim Lesen der DZ-Datei! Status: " WS-DZ-
STATUS
              END-IF
          END-IF.
```

Sie *müssen* zuerst die gewünschte Slot-Nummer in die RELATIVE KEY-Variable MOVEn.
INVALID KEY oder Status '23' zeigt an, dass der angegebene Slot leer ist oder nicht
existiert.

WRITE

- **Sequentiell** (ACCESS SEQUENTIAL):

```
          *> Fülle DZ-DATENSATZ mit Daten...
          WRITE DZ-DATENSATZ. *> Schreibe in den NÄCHSTEN verfügbaren Slot
          IF DZ-OK
              *> Die RRN des gerade geschriebenen Slots ist jetzt verfügbar
              *> in der RELATIVE KEY Variable (WS-RELATIVE-SATZNUMMER).
              DISPLAY "Satz sequentiell geschrieben in RRN: " WS-RELATIVE-
SATZNUMMER
          ELSE
              DISPLAY "Fehler beim sequentiellen Schreiben! Status: " WS-
DZ-STATUS
          END-IF.
```

Das System ermittelt die nächste verfügbare RRN und schreibt den Datensatz dorthin. Diese RRN wird dann typischerweise in Ihrer RELATIVE KEY-Variable verfügbar
gemacht.

- **Zufällig** (ACCESS RANDOM **oder** DYNAMIC):

```
          *> Fülle DZ-DATENSATZ mit Daten...
```

```
         MOVE 125 TO WS-RELATIVE-SATZNUMMER. *> Ziel-Slot #125

              WRITE DZ-DATENSATZ
                  INVALID KEY
                      DISPLAY "Kann nicht schreiben - Slot bereits belegt. RRN:
"
                              WS-RELATIVE-SATZNUMMER
                  NOT INVALID KEY
                      DISPLAY "Satz erfolgreich geschrieben in RRN: " WS-
RELATIVE-SATZNUMMER
              END-WRITE.


          *-- ODER, Verwendung expliziter FILE STATUS Prüfung (Empfohlen)
              MOVE 125 TO WS-RELATIVE-SATZNUMMER.
              WRITE DZ-DATENSATZ.
              IF DZ-OK
                  DISPLAY "Satz erfolgreich geschrieben in RRN: " WS-RELATIVE-
SATZNUMMER
              ELSE
                  IF DZ-SLOT-BELEGT
                      DISPLAY "Kann nicht schreiben - Slot belegt. RRN: " WS-
RELATIVE-SATZNUMMER
                  ELSE
                      DISPLAY "Fehler beim Schreiben der DZ-Datei! Status: "
WS-DZ-STATUS
                  END-IF
              END-IF.
```

Sie MOVEn die Ziel-Slot-Nummer in die RELATIVE KEY-Variable und füllen den Datensatzpuffer. INVALID KEY oder Status '22' bedeutet typischerweise, dass in diesem spezifischen Slot bereits ein Datensatz existiert.

REWRITE

Aktualisiert den Datensatz in einem bestimmten Slot. Es erfordert, dass der Slot aktuell einen Datensatz enthält.

```
PROCEDURE DIVISION.
AKTUALISIERE-SATZ.
*-- SCHRITT 1: Den Datensatz aus dem gewünschten Slot erfolgreich LESEN
    MOVE 75 TO WS-RELATIVE-SATZNUMMER.
    READ DIREKTZUGRIFFS-DATEI.
    IF DZ-OK
*-- SCHRITT 2: Die Daten im DZ-DATENSATZ Puffer modifizieren
        MOVE 'Aktualisierter Status' TO DZ-DATENFELD-1.
```

```
*-- SCHRITT 3: Den Datensatzpuffer zurück in DENSELBEN Slot schreiben
        REWRITE DZ-DATENSATZ
            INVALID KEY
                DISPLAY "Fehler beim Zurückschreiben - Slot leer
geworden? RRN: "
                        WS-RELATIVE-SATZNUMMER
            NOT INVALID KEY
                DISPLAY "Satz erfolgreich zurückgeschrieben bei RRN: "
WS-RELATIVE-SATZNUMMER
        END-REWRITE
    ELSE
        DISPLAY "Kann nicht zurückschreiben - Slot leer oder Lesen
fehlgeschlagen. RRN: "
                WS-RELATIVE-SATZNUMMER
    END-IF.
```

Sie müssen den Datensatz zuerst erfolgreich READen (entweder sequentiell oder zufällig). Dann ändern Sie die Daten im FD-Datensatzpuffer und geben REWRITE aus. Die RELATIVE KEY-Variable sollte immer noch die RRN des gelesenen Datensatzes enthalten. INVALID KEY (Status '23') könnte auftreten, wenn der Slot zwischen READ und REWRITE irgendwie leer wurde, deutet aber normalerweise auf einen Logikfehler oder einen vorherigen Lesefehler hin.

DELETE

Markiert einen bestimmten Slot als logisch leer.

```
PROCEDURE DIVISION.
LOESCHE-SATZ.
*-- Zufälliges DELETE
    MOVE 90 TO WS-RELATIVE-SATZNUMMER.
    DELETE DIREKTZUGRIFFS-DATEI RECORD *> 'RECORD' ist optional
        INVALID KEY
            DISPLAY "Kann nicht löschen - Slot bereits leer. RRN: "
                    WS-RELATIVE-SATZNUMMER
        NOT INVALID KEY
            DISPLAY "Satz erfolgreich gelöscht von RRN: " WS-RELATIVE-
SATZNUMMER
    END-DELETE.

*-- Sequentielles DELETE (Erfordert vorherigen READ)
*    READ DIREKTZUGRIFFS-DATEI NEXT RECORD.
*    IF DZ-OK AND (eine Bedingung ist erfüllt) THEN
*        DELETE DIREKTZUGRIFFS-DATEI RECORD
*            INVALID KEY DISPLAY "Fehler beim sequentiellen Löschen"
```

```
*          NOT INVALID KEY DISPLAY "Gelöschter Seq-Satz bei RRN: " WS-
RELATIVE-SATZNUMMER
*          END-DELETE
*      END-IF.
```

Für zufälliges DELETE, MOVEn Sie die Ziel-RRN in die RELATIVE KEY-Variable. INVALID
KEY (Status '23') bedeutet, dass der Slot bereits leer war. Für sequentielles DELETE
müssen Sie zuerst den Datensatz READen und dann DELETE ausgeben.

START

Wird mit ACCESS IS DYNAMIC oder SEQUENTIAL verwendet, um die Datei für nachfolgende READ NEXT-Operationen basierend auf dem RELATIVE KEY-Wert zu posi-
tionieren.

```
        PROCEDURE DIVISION.
        POSITIONIERE-DATEI.
            MOVE 100 TO WS-RELATIVE-SATZNUMMER. *> Sequentielles Lesen bei/nach
RRN 100 starten
            START DIREKTZUGRIFFS-DATEI KEY IS GREATER THAN OR EQUAL TO WS-
RELATIVE-SATZNUMMER
                INVALID KEY
                    DISPLAY "Keine Sätze gefunden bei oder nach RRN: " WS-
RELATIVE-SATZNUMMER
                NOT INVALID KEY
                    DISPLAY "Positioniert. Nächstes sequentielles Lesen startet
bei/nach RRN: "
                        WS-RELATIVE-SATZNUMMER
                    *> Nachfolgendes READ NEXT holt den ersten belegten Slot >=
100
            END-START.
```

Ähnlich wie bei indizierten Dateien positioniert START basierend auf dem RELATIVE
KEY. INVALID KEY (Status '23') bedeutet, dass kein belegter Slot die Bedingung erfüllte.

Zusammenfassung Direkter vs. Sequentieller Zugriff

- **Sequentieller Zugriff:** Gut für die Verarbeitung aller (oder eines zusammen-
  hängenden Bereichs beginnend am Anfang oder einer START-Position)
  Datensätze, die Erstellung von Berichten oder das Erstellen einer Kopie der
  Datei. Lesezugriffe überspringen leere Slots. Schreibvorgänge fügen an den
  nächsten Slot an.

- **Zufälliger Zugriff (Wahlfreier Zugriff):** Ideal, wenn Sie die genaue Satznummer (RRN) kennen, auf die Sie zugreifen müssen, und diese direkt abrufen/ aktualisieren/löschen möchten, ohne andere Datensätze zu lesen. Erfordert das Setzen der `RELATIVE KEY`-Variable vor der E/A-Operation.

Häufige Anwendungsfälle und Fehlerbehandlung

Relative Dateien sind in modernen Systemen seltener als sequentielle oder indizierte Dateien, können aber nützlich sein, wenn:

- Sie einen natürlichen, dichten Ganzzahlschlüssel haben, der direkt auf Satznummern abgebildet wird (z. B. Mitarbeiter-ID, wobei IDs von 1 bis N mit wenigen Lücken laufen).
- Sie einen sehr schnellen direkten Zugriff basierend auf einer einfachen numerischen Position benötigen.
- Sie einfache Hash-Tabellen oder Nachschlagestrukturen implementieren, bei denen die Hash-Funktion die RRN berechnet.

Überlegungen zur Fehlerbehandlung:

- **Slot leer (Status '23'):** Der häufigste "Fehler" bei zufälligem `READ`, `REWRITE` oder `DELETE`. Ihr Programm muss den Fall behandeln, dass der gewünschte Slot keine Daten enthält.
- **Slot belegt (Status '22'):** Tritt bei einem zufälligen `WRITE` auf, wenn versucht wird, in einen Slot zu schreiben, der bereits einen Datensatz enthält.
- **Grenzfehler (Status '24'):** Versuch, auf eine RRN zuzugreifen, die Null, negativ oder jenseits der physischen Grenzen der Datei liegt.
- **Überspringen von Slots:** Denken Sie daran, dass sequentielle `READ`-Operationen automatisch leere/gelöschte Slots überspringen. Wenn Ihre Logik davon abhängt, *jede* mögliche Slot-Nummer zu verarbeiten, müssen Sie möglicherweise zufällige Lesezugriffe innerhalb einer Schleife verwenden, die die RRN manuell inkrementiert.

Überprüfen Sie `FILE STATUS` immer sorgfältig.

Zusammenfassung des Kapitels

Dieses Kapitel untersuchte COBOLs dritte primäre Dateiorganisation: relative Dateien. Sie haben gelernt, dass relative Dateien Daten in nummerierten Slots organisieren, auf die über eine Relative Satznummer (RRN) zugegriffen wird. Wir haben die notwendigen `FILE-CONTROL`-Einträge (`ORGANIZATION IS RELATIVE`, `ACCESS MODE`, `RELATIVE KEY`) behandelt und festgestellt, dass die `RELATIVE KEY`-Variable, die die RRN enthält, in `WORKING-STORAGE` definiert wird. Wir haben untersucht, wie `OPEN`, `READ`, `WRITE`, `REWRITE`, `DELETE` und `START` sowohl für sequentiellen als auch für zufälligen Zugriff basierend auf der RRN funktionieren. Schließlich haben wir typische

Anwendungsfälle und kritische Fehlerbedingungen wie 'Slot leer' und 'Slot belegt' besprochen.

Sie haben nun ein solides Verständnis von COBOLs drei Hauptdateiorganisationen: sequentiell, indiziert und relativ. Mit diesem Wissen über Datendefinition, Berechnung, Ablaufsteuerung und Dateiverarbeitung sind Sie gut gerüstet, um viele Kernaufgaben der COBOL-Programmierung zu bewältigen. Das nächste Kapitel konzentriert sich auf die Verbesserung Ihrer Datenmanipulationsfähigkeiten, indem es leistungsstarke Verben und Techniken für die Arbeit mit Zeichenketten und die Nutzung der integrierten Funktionen von COBOL untersucht.

Kapitel 11: Effektive Datenmanipulation

Die bisherige Reise hat Sie mit den Grundlagen ausgestattet: Strukturierung von COBOL-Programmen (Kapitel 3), Definieren von Daten und Durchführen von Berechnungen (Kapitel 4 und 5), Steuern der Programmlogik (Kapitel 6) und Handhaben persistenter Daten durch sequentielle, indizierte und relative Dateien (Kapitel 7-10). Während MOVE und grundlegende Arithmetik fundamental sind, erfordern reale Daten oft eine anspruchsvollere Manipulation. Möglicherweise müssen Sie Textzeichenfolgen untersuchen, Daten aus mehreren Feldern kombinieren, zusammengesetzte Felder aufteilen, auf Systeminformationen wie das aktuelle Datum zugreifen oder mit bestimmten Teilen eines Datenelements arbeiten. Dieses Kapitel stellt leistungsstarke COBOL-Verben und Funktionen vor, die genau für diese fortgeschritteneren Datenverarbeitungsaufgaben entwickelt wurden.

Verben zur Zeichenkettenverarbeitung

Geschäftsdaten beinhalten häufig Text: Namen, Adressen, Beschreibungen, Codes, Nachrichten. COBOL bietet spezifische Verben, um diese Zeichenketten effektiv zu untersuchen und zu manipulieren.

INSPECT: Untersuchen und Ersetzen von Zeichen

Das INSPECT-Verb ist ein vielseitiges Werkzeug zur Analyse des Inhalts eines Datenelements. Es ermöglicht Ihnen, Vorkommen spezifischer Zeichen oder Sequenzen zu zählen (TALLYING) und Zeichen oder Sequenzen durch andere zu ersetzen (REPLACING).

- INSPECT...TALLYING: Zählt Vorkommen.

```
WORKING-STORAGE SECTION.
01 WS-QUELL-ZEICHENKETTE PIC X(30) VALUE 'COBOL IST ALT, ABER
COBOL IST COOL'.
01 WS-ZEICHENANZAHL    PIC 9(3) VALUE ZERO.
```

```
        01 WS-WORTANZAHL        PIC 9(3) VALUE ZERO.

        PROCEDURE DIVISION.
        ZEICHEN-ZAEHLEN.
            INSPECT WS-QUELL-ZEICHENKETTE TALLYING WS-ZEICHENANZAHL
                FOR ALL 'O'.
            DISPLAY 'Anzahl Os: ' WS-ZEICHENANZAHL. *> Zählt große 'O's

            INITIALIZE WS-ZEICHENANZAHL. *> Zähler zurücksetzen
            INSPECT WS-QUELL-ZEICHENKETTE TALLYING WS-ZEICHENANZAHL
                FOR CHARACTERS AFTER INITIAL ' '. *> Zählt Nicht-
Leerzeichen nach erstem Leerz.

            INSPECT WS-QUELL-ZEICHENKETTE TALLYING WS-WORTANZAHL
                FOR LEADING 'COBOL'. *> Zählt führende Vorkommen von
'COBOL'
            DISPLAY 'Führende COBOL Anzahl: ' WS-WORTANZAHL.

            STOP RUN.
```

Erwartete Ausgabe:

```
Anzahl Os: 006
Führende COBOL Anzahl: 001
```

- INSPECT...REPLACING: Ändert Zeichen.

```
        WORKING-STORAGE SECTION.
        01 WS-TELEFONNUMMER      PIC X(14) VALUE '(0123)456-7890'. *>
Angepasst
        01 WS-BEREINIGTE-NUMMER PIC X(10). *> Ziel nur für Ziffern

        PROCEDURE DIVISION.
        TELEFON-BEREINIGEN.
            DISPLAY 'Original Telefon: ' WS-TELEFONNUMMER.
        *-- Formatierungszeichen durch Leerzeichen ersetzen
            INSPECT WS-TELEFONNUMMER REPLACING ALL '(' BY SPACE
                                               ')' BY SPACE
                                               '-' BY SPACE.
            DISPLAY 'Mit Leerzeichen : ' WS-TELEFONNUMMER.

        *-- Nun die Leerzeichen entfernen mit UNSTRING (siehe später) oder
einem anderen INSPECT
            INSPECT WS-TELEFONNUMMER REPLACING ALL SPACES BY ''. *>
ACHTUNG: '' nicht Standard COBOL 85
            *> Besser: UNSTRING oder Referenzmodifikation.
```

```
              *> Korrektur für Kompatibilität: Ersetzen durch ein Zeichen
    und dann entfernen
              MOVE '(0123)456-7890' TO WS-TELEFONNUMMER. *> Zurücksetzen
              INSPECT WS-TELEFONNUMMER REPLACING ALL '(' BY '*'
                                                     ')' BY '*'
                                                     '-' BY '*'.
              INSPECT WS-TELEFONNUMMER REPLACING ALL '*' BY SPACE.
              DISPLAY 'Bereinigt (Schritte): ' WS-TELEFONNUMMER.

         *-- Erstes Vorkommen ersetzen
              MOVE '(0123)456-7890' TO WS-TELEFONNUMMER. *> Zurücksetzen
              INSPECT WS-TELEFONNUMMER REPLACING FIRST '-' BY '/'.
              DISPLAY 'Erster Strich ersetzt: ' WS-TELEFONNUMMER.

              STOP RUN.
```

(Korrektur im Beispielcode: REPLACING ALL SPACES BY '' *ist keine Standard-COBOL 85-Syntax. Leere Literale wurden erst später eingeführt. Das Beispiel wurde angepasst, um einen zweistufigen Prozess zu zeigen, der kompatibler ist, obwohl* UNSTRING *oder Referenzmodifikation besser wären.)*

Erwartete Ausgabe (mit korrigiertem Code):

```
Original Telefon: (0123)456-7890
Mit Leerzeichen : 0123 456 7890
Bereinigt (Schritte): 0123 456 7890
Erster Strich ersetzt: (0123)456/7890
```

INSPECT bietet viele Variationen unter Verwendung von ALL, LEADING, FIRST, CHARAC-TERS, BEFORE INITIAL und AFTER INITIAL-Klauseln, um präzise zu steuern, was gezählt oder ersetzt wird. Seien Sie vorsichtig bei komplexen REPLACING-Operationen, da die Reihenfolge und der Geltungsbereich manchmal zu unerwarteten Ergebnissen führen können, wenn sie nicht sorgfältig geplant werden.

STRING: Kombinieren von Datenelementen

Das STRING-Verb verkettet (verbindet) Daten aus mehreren Quellfeldern zu einem einzigen Zielfeld. Dies ist nützlich zum Erstellen formatierter Zeilen für Berichte oder zum Erstellen zusammengesetzter Schlüssel.

```
WORKING-STORAGE SECTION.
01 WS-VORNAME          PIC X(10) VALUE 'Max'.
01 WS-ZWEITER-INITIAL  PIC X     VALUE 'Q'.
01 WS-NACHNAME         PIC X(15) VALUE 'Mustermann'.
01 WS-VOLLER-NAME      PIC X(30).
```

```
01 WS-NAMEN-ZEIGER      PIC 99    VALUE 1. *> Optionaler Zeiger

    PROCEDURE DIVISION.
    VOLLEN-NAMEN-ERSTELLEN.
        STRING WS-VORNAME               DELIMITED BY SPACE
               ' '                      DELIMITED BY SIZE *> Füge ein Leerzeichen-
Literal hinzu
               WS-ZWEITER-INITIAL DELIMITED BY SIZE *> Nimm den ganzen
Initial
               '.'                      DELIMITED BY SIZE *> Füge einen Punkt hinzu
               ' '                      DELIMITED BY SIZE
               WS-NACHNAME              DELIMITED BY SPACE
          INTO WS-VOLLER-NAME
          WITH POINTER WS-NAMEN-ZEIGER
          ON OVERFLOW
              DISPLAY 'Fehler: Feld für vollen Namen übergelaufen!'
        END-STRING. *> Empfohlener Bereichsabgrenzer

        DISPLAY 'Voller Name: "' WS-VOLLER-NAME '"'.
        DISPLAY 'Zeiger endete bei: ' WS-NAMEN-ZEIGER.

        STOP RUN.
```

Erwartete Ausgabe:

```
Voller Name: "Max Q. Mustermann              "
Zeiger endete bei: 18
```

- DELIMITED BY SPACE: Kopiert Zeichen aus der Quelle, bis ein Leerzeichen angetroffen wird (oder das Ende des Quellfeldes). Das Leerzeichen selbst wird *nicht* kopiert.
- DELIMITED BY SIZE: Kopiert den gesamten Inhalt des Quellfeldes oder Literals.
- INTO zielfeld: Das Zielfeld, das die kombinierte Zeichenkette empfängt.
- WITH POINTER zeigervariable: Eine Ganzzahlvariable, die Sie bereitstellen. Vor dem Start von STRING setzen Sie sie auf die Startposition (normalerweise 1) im Zielfeld. Nachdem STRING beendet ist, zeigt sie auf die Position *nach* dem letzten Zeichen, das verschoben wurde. Nützlich, um später weitere Daten anzuhängen.
- ON OVERFLOW: Führt imperative Anweisungen aus, wenn die kombinierte Zeichenkette zu groß ist, um in das Zielfeld zu passen (unter Berücksichtigung des Wertes des POINTER).

UNSTRING: Trennen von Datenelementen

Das UNSTRING-Verb bewirkt das Gegenteil von STRING: Es analysiert eine einzelne Quellzeichenkette und verteilt Teile davon basierend auf angegebenen Trennzeichen auf mehrere Zielfelder. Dies ist von unschätzbarem Wert für die Verarbeitung von getrennten Daten (wie kommagetrennte Werte - CSV) oder das Aufteilen von Zeichenketten mit festem Format.

```
       WORKING-STORAGE SECTION.
          01 WS-CSV-DATEN        PIC X(50) VALUE 'MUELLER,ANNA,HAUPTSTR.
123,NEUSTADT'.
          01 WS-NACHNAME         PIC X(15).
          01 WS-VORNAME          PIC X(10).
          01 WS-ADRESSE          PIC X(20).
          01 WS-STADT            PIC X(15).
          01 WS-TRENNZ-ANZAHL    PIC 99.
          01 WS-FELDER-GEFUELLT  PIC 99.

          PROCEDURE DIVISION.
          CSV-DATEN-PARSEN.
             INITIALIZE WS-NACHNAME WS-VORNAME WS-ADRESSE WS-STADT
                     WS-TRENNZ-ANZAHL WS-FELDER-GEFUELLT. *> Empfangsfelder
leeren

             UNSTRING WS-CSV-DATEN DELIMITED BY ','
                 INTO WS-NACHNAME COUNT IN WS-TRENNZ-ANZAHL *> Korrektur: COUNT IN
 gehört hierher
                     WS-VORNAME
                     WS-ADRESSE
                     WS-STADT
                 TALLYING IN WS-FELDER-GEFUELLT
                 ON OVERFLOW
                     DISPLAY 'Fehler: Unstring-Überlauf aufgetreten!'
             END-UNSTRING.

             DISPLAY 'Nachname  : ' WS-NACHNAME.
             DISPLAY 'Vorname   : ' WS-VORNAME.
             DISPLAY 'Adresse   : ' WS-ADRESSE.
             DISPLAY 'Stadt     : ' WS-STADT.
             DISPLAY 'Trennzeichen Anzahl (Feld 1): ' WS-TRENNZ-ANZAHL. *> Zählt
Zeichen für Nachname
             DISPLAY 'Gesamte Felder gefüllt    : ' WS-FELDER-GEFUELLT.

             STOP RUN.
```

(Korrektur im Beispielcode: COUNT IN zählt die Zeichen für das unmittelbar vorangehende INTO-Feld. Der Kommentar wurde entsprechend angepasst.)

Erwartete Ausgabe:

```
Nachname  : MUELLER
Vorname   : ANNA
Adresse   : HAUPTSTR. 123
Stadt     : NEUSTADT
Trennzeichen Anzahl (Feld 1): 07
Gesamte Felder gefüllt    : 04
```

- `DELIMITED BY trennzeichen`: Gibt das/die Zeichen an, die die Datenabschnitte in der Quellzeichenkette trennen. Sie können mehrere Trennzeichen angeben (z. B. `DELIMITED BY ',' OR ';'`).
- `INTO zielfeld [COUNT IN anzahl-feld]`: Listet die Felder auf, die die geparsten Daten empfangen sollen. Die optionale `COUNT IN`-Variable speichert die Anzahl der Zeichen, die in das *unmittelbar vorangehende* Zielfeld verschoben wurden.
- `TALLYING IN gesamt-felder-variable`: Eine Ganzzahlvariable, die die Gesamtzahl der Zielfelder erhält, die während des `UNSTRING` Daten erhalten haben.
- `WITH POINTER` und `ON OVERFLOW` Klauseln funktionieren ähnlich wie bei `STRING`.

Stellen Sie sicher, dass Ihre Empfangsfelder (`INTO`-Felder) groß genug sind, um die erwarteten Datensegmente aufzunehmen, um stillschweigendes Abschneiden oder `ON OVERFLOW`-Bedingungen zu vermeiden.

COBOL 85 Intrinsische Funktionen

Eine wesentliche Verbesserung, die mit dem COBOL 85-Standard eingeführt wurde, waren **intrinsische Funktionen**. Dies sind integrierte Funktionen, die vom COBOL-Compiler bereitgestellt werden und allgemeine Aufgaben ausführen, wodurch Sie sich das Schreiben des Codes selbst ersparen. Sie rufen sie mit dem Schlüsselwort `FUNCTION` auf.

Syntax:

```
    MOVE FUNCTION funktionsname [(argument-1 [argument-2] ...)] TO
ergebnisfeld.

    COMPUTE numerisches-ergebnis = FUNCTION funktionsname [(argumente)].

    IF FUNCTION funktionsname [(argumente)] > wert THEN ...
```

Hier sind einige häufig verwendete Beispiele:

- CURRENT-DATE: Gibt das aktuelle Systemdatum und die Uhrzeit in einem Standardformat zurück.

```
WORKING-STORAGE SECTION.
01 WS-AKTUELLES-DATUMZEIT PIC X(21). *> JJJJMMTTHHMMSSss+|-ZZZZ
01 WS-AKTUELLES-JAHR    PIC 9(4).
01 WS-AKTUELLER-MONAT   PIC 9(2).
01 WS-AKTUELLER-TAG     PIC 9(2).
01 WS-AKTUELLE-STUNDE   PIC 9(2).

PROCEDURE DIVISION.
DATUM-HOLEN.
    MOVE FUNCTION CURRENT-DATE TO WS-AKTUELLES-DATUMZEIT.
    DISPLAY 'Aktuelles Datum/Zeit: ' WS-AKTUELLES-DATUMZEIT.

*-- Teile extrahieren mit Referenzmodifikation (siehe unten)
    MOVE WS-AKTUELLES-DATUMZEIT(1:4) TO WS-AKTUELLES-JAHR.
    MOVE WS-AKTUELLES-DATUMZEIT(5:2) TO WS-AKTUELLER-MONAT.
    MOVE WS-AKTUELLES-DATUMZEIT(7:2) TO WS-AKTUELLER-TAG.
    MOVE WS-AKTUELLES-DATUMZEIT(9:2) TO WS-AKTUELLE-STUNDE.
    DISPLAY 'Jahr : ' WS-AKTUELLES-JAHR.
    DISPLAY 'Monat: ' WS-AKTUELLER-MONAT.
    DISPLAY 'Tag  : ' WS-AKTUELLER-TAG.
    DISPLAY 'Stund: ' WS-AKTUELLE-STUNDE.

    STOP RUN.
```

Erwartete Ausgabe (variiert je nach Ausführungszeit):

```
Aktuelles Datum/Zeit: 2024031514305500+0000
Jahr : 2024
Monat: 03
Tag  : 15
Stund: 14
```

- LENGTH: Gibt die definierte Länge (in Bytes) eines Datenelements zurück, wie in seiner PIC-Klausel angegeben.

```
WORKING-STORAGE SECTION.
01 WS-KUNDENNAME        PIC X(25).
01 WS-NAMENSLAENGE      PIC 9(3).

PROCEDURE DIVISION.
LAENGE-HOLEN.
    COMPUTE WS-NAMENSLAENGE = FUNCTION LENGTH(WS-KUNDENNAME).
```

```
          DISPLAY 'Definierte Länge von WS-KUNDENNAME: ' WS-
NAMENSLAENGE.

          STOP RUN.
```

Erwartete Ausgabe:

```
Definierte Länge von WS-KUNDENNAME: 025
```

Hinweis: LENGTH gibt die *definierte* Länge an, nicht die Länge des aktuellen Inhalts ohne nachfolgende Leerzeichen.

- NUMVAL / NUMVAL-C: Konvertieren Sie Zeichenketten, die Zahlen enthalten, sicher in numerische Datentypen. Dies vermeidet die Laufzeitfehler (Abends), die auftreten können, wenn Sie nicht-numerische Daten direkt in ein numerisches Feld MOVEn (wie in Kapitel 4 gewarnt).

```
          WORKING-STORAGE SECTION.
          01 WS-EINGABE-BETRAG-STR  PIC X(10) VALUE '  123.45 '.
          01 WS-EINGABE-BETRAG-WAEHR PIC X(12) VALUE ' 1.234,56CR'. *> Mit
Währung, dt. Format
          01 WS-NUMERISCHER-BETRAG  PIC S9(7)V99.
          01 WS-WAEHRUNGS-BETRAG    PIC S9(7)V99.

          PROCEDURE DIVISION.
          IN-NUMERISCH-KONVERTIEREN.
              *> Für NUMVAL müssen Dezimalpunkte '.' sein, keine Kommas
              *> Dies erfordert normalerweise eine Vorverarbeitung der
Eingabe
              *> Oder die Verwendung von DECIMAL-POINT IS COMMA (siehe
unten)
              COMPUTE WS-NUMERISCHER-BETRAG = FUNCTION NUMVAL(WS-EINGABE-
BETRAG-STR).
              DISPLAY 'NUMVAL Ergebnis : ' WS-NUMERISCHER-BETRAG.

          *-- NUMVAL-C behandelt Währungssymbole, Kommas, Vorzeichen
(+,-,CR,DB)
              *-- ABER: Es erwartet Standard-US/UK-Format ('.' als Dezimalpunkt)
              *-- es sei denn, DECIMAL-POINT IS COMMA ist in SPECIAL-NAMES
definiert.
              *> Ohne DECIMAL-POINT IS COMMA:
              *> COMPUTE WS-WAEHRUNGS-BETRAG = FUNCTION NUMVAL-C(' -
1,234.56'). *> Korrekte Eingabe für Standard
              *> DISPLAY 'NUMVAL-C Std: ' WS-WAEHRUNGS-BETRAG.
```

```
            *> Mit DECIMAL-POINT IS COMMA (siehe Konfiguration):
            *> COMPUTE WS-WAEHRUNGS-BETRAG = FUNCTION NUMVAL-C(WS-
EINGABE-BETRAG-WAEHR).
            *> DISPLAY 'NUMVAL-C (Komma): ' WS-WAEHRUNGS-BETRAG. *>
Sollte -1234.56 sein

            *> Beispiel für direktes Testen ohne DECIMAL-POINT IS COMMA
Klausel:
            COMPUTE WS-WAEHRUNGS-BETRAG = FUNCTION NUMVAL-C('$ -1,234.56
').
            DISPLAY 'NUMVAL-C Ergebnis: ' WS-WAEHRUNGS-BETRAG.

            STOP RUN.
```

(Hinweis zum Beispielcode: Die Verarbeitung von Währungsformaten mit NUMVAL-C hängt stark von den SPECIAL-NAMES-Einstellungen ab, insbesondere DECIMAL-POINT IS COMMA. Ohne diese Klausel erwartet NUMVAL-C einen Punkt als Dezimaltrennzeichen. Das Beispiel wurde angepasst, um dies zu verdeutlichen.)

Erwartete Ausgabe (ohne DECIMAL-POINT IS COMMA):

```
NUMVAL Ergebnis : +00123.45
NUMVAL-C Ergebnis: -01234.56
```

COBOL 85 und spätere Standards enthalten viele weitere intrinsische Funktionen für Mathematik (SQRT, SIN, COS, MAX, MIN), Statistik (MEAN, MEDIAN), Datums-/Zeitmanipulation, Zeichenkonvertierungen (UPPER-CASE, LOWER-CASE) und mehr. Ein Blick in die Dokumentation Ihres Compilers oder Anhang C enthüllt die vollständige verfügbare Liste.

Referenzmodifikation

Ein weiteres leistungsstarkes Merkmal, das in COBOL 85 formalisiert wurde, ist die **Referenzmodifikation**. Sie ermöglicht es Ihnen, direkt auf einen *Teil* (Teilzeichenkette) eines Datenelements zu verweisen, ohne die Daten neu definieren oder UNSTRING verwenden zu müssen.

Syntax:

```
datenelement (startposition : [laenge])
```

* datenelement: Das alphanumerische (PIC X) oder Gruppenelement, auf dessen Teil Sie zugreifen möchten.

- startposition: Ein Ganzzahl-Literal oder ein numerisches Datenelement, das die Startzeichenposition angibt (1 ist das erste Zeichen).
- laenge: Ein optionales Ganzzahl-Literal oder ein numerisches Datenelement, das angibt, wie viele Zeichen eingeschlossen werden sollen. Wenn weggelassen, bezieht es sich auf alle Zeichen von startposition bis zum Ende von datenelement.

Beispiele:

```
WORKING-STORAGE SECTION.
01 WS-PRODUKTCODE        PIC X(12) VALUE 'TEIL-A100-X'. *> Angepasst
01 WS-PRODUKTTYP         PIC X(6).
01 WS-PRODUKT-ID         PIC X(4).

PROCEDURE DIVISION.
TEILE-EXTRAHIEREN.
*-- Typ extrahieren (erste 4 Zeichen - angepasst)
    MOVE WS-PRODUKTCODE(1:4) TO WS-PRODUKTTYP.
    DISPLAY 'Typ: ' WS-PRODUKTTYP.

*-- ID extrahieren (Zeichen 6 bis 9 - angepasst)
    MOVE WS-PRODUKTCODE(6:4) TO WS-PRODUKT-ID.
    DISPLAY 'ID  : ' WS-PRODUKT-ID.

*-- Bestimmtes Zeichen prüfen (Position 5 - angepasst)
    IF WS-PRODUKTCODE(5:1) = '-' THEN
        DISPLAY 'Trennzeichen bei Position 5 gefunden.'
    END-IF.

*-- Einen Teil ändern
    MOVE 'B200' TO WS-PRODUKTCODE(6:4).
    DISPLAY 'Geänderter Code: ' WS-PRODUKTCODE.

    STOP RUN.
```

(Beispiel angepasst für deutschen Produktcode)

Erwartete Ausgabe:

```
Typ: TEIL
ID  : A100
Trennzeichen bei Position 5 gefunden.
Geänderter Code: TEIL-B200-X
```

Referenzmodifikation macht Aufgaben wie das Extrahieren von Teilzeichenketten, die Validierung bestimmter Teile eines Feldes oder sogar die Aktualisierung von Teilen einer Zeichenkette viel direkter und lesbarer im Vergleich zu älteren Techniken, die komplexe Datenstrukturen oder mehrere `MOVE`/`INSPECT`-Operationen erforderten.

Bedingungsnamen (Stufe 88)

Wir sind kurz auf 88-Stufen gestoßen, als wir `FILE STATUS`-Prüfungen (Kapitel 7) und Variablendefinitionen (Kapitel 4) besprochen haben. Lassen Sie uns **Bedingungsnamen** (Condition Names) formal erneut betrachten. Sie definieren keinen Speicher, sondern assoziieren einen aussagekräftigen Namen mit spezifischen Werten oder Wertebereichen, die ein *übergeordnetes* Datenelement annehmen kann. Ihr Hauptzweck ist es, bedingte Logik (`IF`, `EVALUATE`) wesentlich lesbarer und selbstdokumentierender zu machen.

Definition (in DATA DIVISION):

```
WORKING-STORAGE SECTION.
01 WS-TRANSAKTIONSART      PIC XX.
   88 TA-VERKAUF           VALUE 'VK'. *> Angepasst
   88 TA-RETOUR            VALUE 'RE'.
   88 TA-ANFRAGE           VALUE 'AN' 'AF'. *> Mehrere Werte möglich
   88 TA-GUELTIGE-ART      VALUE 'VK' 'RE' 'AN' 'AF' 'ZU'. *> Ein Satz

01 WS-KUNDENSTATUS         PIC 9.
   88 KUNDE-AKTIV          VALUE 1.
   88 KUNDE-INAKTIV        VALUE 2 THRU 5. *> Bereiche möglich
   88 KUNDE-AUSSTEHEND     VALUE 9.
```

Verwendung (in PROCEDURE DIVISION):

```
PROCEDURE DIVISION.
TRANSAKTION-VERARBEITEN.
    *> Annahme: WS-TRANSAKTIONSART enthält einen aus Datei gelesenen Wert
    MOVE 'VK' TO WS-TRANSAKTIONSART. *> Beispielwert

    IF TA-VERKAUF THEN
        PERFORM VERKAUFSTRANSAKTION-VERARBEITEN
    ELSE
        IF TA-RETOUR THEN
            PERFORM RETOURTRANSAKTION-VERARBEITEN
        ELSE
            IF TA-ANFRAGE
                PERFORM ANFRAGE-VERARBEITEN
            ELSE
                DISPLAY 'Ungültige Transaktionsart: ' WS-TRANSAKTIONSART
            END-IF
        END-IF
    END-IF
```

```
            END-IF.

        *-- Oder mit EVALUATE
            EVALUATE TRUE
                WHEN TA-VERKAUF
                    PERFORM VERKAUFSTRANSAKTION-VERARBEITEN
                WHEN TA-RETOUR
                    PERFORM RETOURTRANSAKTION-VERARBEITEN
                WHEN TA-GUELTIGE-ART *> Prüfe zuerst, ob es eine gültige Art ist
                    DISPLAY 'Gültige Transaktionsart: ' WS-TRANSAKTIONSART
                WHEN OTHER
                    DISPLAY 'Unbekannte Transaktionsart'
            END-EVALUATE.

            STOP RUN.

        *> Beispiel-Paragraphen (nicht implementiert)
        VERKAUFSTRANSAKTION-VERARBEITEN.
            DISPLAY "Verarbeitung Verkauf...".
        RETOURTRANSAKTION-VERARBEITEN.
            DISPLAY "Verarbeitung Retour...".
        ANFRAGE-VERARBEITEN.
            DISPLAY "Verarbeitung Anfrage...".
```

Erwartete Ausgabe (für das Beispiel MOVE 'VK'):

```
Verarbeitung Verkauf...
```

Vergleichen Sie IF TA-VERKAUF THEN... mit IF WS-TRANSAKTIONSART = 'VK'
THEN.... Der Bedingungsname macht die Absicht des Codes sofort klar. Die Verwendung von 88-Stufen für Statuscodes, Kennzeichen, Transaktionsarten und Kat-
egoriecodes ist eine grundlegende Technik zum Schreiben wartbarer und verständlicher COBOL-Programme.

Zusammenfassung des Kapitels

Dieses Kapitel fügte Ihrem COBOL-Datenmanipulationswerkzeugkasten mehrere
leistungsstarke Werkzeuge hinzu. Sie haben gelernt, wie Sie INSPECT zum Zählen und
Ersetzen von Zeichen in Zeichenketten verwenden, STRING zum Kombinieren von
Daten aus mehreren Quellen und UNSTRING zum Parsen von getrennten oder strukturierten Zeichenketten in separate Felder. Wir haben intrinsische Funktionen von
COBOL 85 wie CURRENT-DATE, LENGTH und NUMVAL eingeführt und ihre Fähigkeit
demonstriert, integrierte Funktionalität bereitzustellen. Sie haben auch die Referenzmodifikation für den direkten Zugriff auf Teilzeichenketten gemeistert und Bedin-

gungsnamen (88-Stufen) als entscheidende Technik zur Verbesserung der Lesbarkeit Ihrer bedingten Logik erneut betrachtet. Diese Werkzeuge ermöglichen eine wesentlich anspruchsvollere Handhabung von sowohl Zeichen- als auch numerischen Daten.

Mit einem soliden Verständnis einzelner Datenelemente und der Zeichenkettenmanipulation sind wir bereit, uns mit Datensammlungen zu befassen. Kapitel 12 stellt **Tabellen** (der COBOL-Begriff für Arrays) vor und zeigt Ihnen, wie Sie geordnete Listen von Datenelementen, die im Speicher Ihres Programms gehalten werden, definieren, füllen und durchsuchen.

Kapitel 12: Arbeiten mit Tabellen (Arrays)

Bisher haben wir uns mit einzelnen Datenelementen befasst, die in WORKING-STORAGE definiert sind (Kapitel 4), und Zeichenketten manipuliert (Kapitel 11). Aber was passiert, wenn Sie mit einer Sammlung zusammengehöriger Datenelemente desselben Typs arbeiten müssen – wie das Speichern der monatlichen Verkaufszahlen für ein Jahr, einer Liste gültiger Bundesland-Codes oder Preise für mehrere Produkte? Das Definieren separater Variablen für jeden (UMSATZ-JAN, UMSATZ-FEB usw.) wird schnell unhandlich. COBOL bietet eine strukturierte Möglichkeit, solche Sammlungen mithilfe von **Tabellen** zu handhaben, die **Arrays** in anderen Programmiersprachen entsprechen. Dieses Kapitel lehrt Sie, wie Sie diese wichtigen Datenstrukturen definieren, darauf zugreifen, sie füllen und durchsuchen.

Definieren von Tabellen fester Größe

Der Schlüssel zur Definition einer Tabelle in COBOL ist die OCCURS-Klausel. Sie fügen diese Klausel zu einer Datenelementdefinition innerhalb der DATA DIVISION (typischerweise in WORKING-STORAGE) hinzu, um anzugeben, dass das Element eine bestimmte Anzahl von Malen wiederholt wird.

Syntax

```
stufennummer datenname PIC ... OCCURS ganze-zahl TIMES
    [ASCENDING/DESCENDING KEY IS schluessel-datenname ...]
    [INDEXED BY indexname ...].
```

- stufennummer datenname PIC ...: Die Definition des Datenelement-*Elements*, das wiederholt wird.
- OCCURS ganze-zahl TIMES: Gibt genau an, wie oft das datenname-Element vorkommen soll. Dies definiert die Größe der Tabelle.
- ASCENDING/DESCENDING KEY IS schluessel-datenname ...: Optional, aber **erforderlich**, wenn Sie das hocheffiziente SEARCH ALL-Verb (binäre Suche)

verwenden möchten. Es benennt ein oder mehrere Felder *innerhalb* des Tabellenelements (oder das Element selbst, wenn es keine Gruppe ist), die als Sortierschlüssel verwendet werden. Die Daten in der Tabelle *müssen* basierend auf diesem Schlüssel sortiert sein, damit SEARCH ALL korrekt funktioniert.

- INDEXED BY indexname ...: Optional, aber **erforderlich**, wenn Sie die Verben SEARCH oder SEARCH ALL verwenden möchten oder wenn Sie bevorzugen, Indexvariablen (siehe unten) für den Zugriff auf Tabellenelemente zu verwenden. Es weist diesem Tabellenniveau einen oder mehrere Indexnamen zu.

Beispiele

```
WORKING-STORAGE SECTION.
*-- Tabelle mit 12 monatlichen Verkaufszahlen
01 WS-MONATSUMSAETZE-TABELLE.
    05 WS-MONATSUMSATZ         PIC 9(7)V99
                               OCCURS 12 TIMES. *> Erzeugt 12 Slots für
Umsätze

    *-- Tabelle mit 50 Bundesland-Codes (einfache Nachschlagetabelle)
    01 WS-BUNDESLAND-CODE-TABELLE.
        05 WS-BUNDESLAND-EINTRAG OCCURS 50 TIMES
                               ASCENDING KEY IS WS-BUNDESLAND-CODE *> Für
SEARCH ALL
                               INDEXED BY BLAND-IDX. *> Für SEARCH &
Indexzugriff
            10 WS-BUNDESLAND-CODE PIC XX.
            10 WS-BUNDESLAND-NAME PIC X(20).

    *-- Tabelle innerhalb einer anderen Tabelle definiert (wird
mehrdimensional)
    01 WS-REGIONALE-DATEN.
        05 WS-REGION           OCCURS 4 TIMES. *> 4 Regionen
            10 WS-REGION-NAME    PIC X(10).
            10 WS-QUARTALSUMSAETZE PIC 9(8)V99
                               OCCURS 4 TIMES. *> 4 Quartale pro Region
```

Zugriff auf Tabellenelemente

Sobald eine Tabelle definiert ist, wird jede Wiederholung (Slot) als **Element** bezeichnet. Um mit einem spezifischen Element zu arbeiten, müssen Sie COBOL mitteilen, *welches* Vorkommen Sie wünschen (z. B. den Umsatz des 3. Monats, den 10. Bundesland-Code). Sie tun dies entweder mit **Subskripten (Indizes im Sinne von Array-Indizes)** oder **Indexvariablen (COBOL-Indizes)**.

Verwendung von Subskripten

Ein Subskript ist einfach ein reguläres numerisches Ganzzahl-Datenelement (z. B. PIC 99), das Sie separat in WORKING-STORAGE definieren. Sie verwenden seinen Wert, um die gewünschte Elementnummer anzugeben.

- **Definition:** Definieren Sie ein numerisches Element (z. B. WS-MONAT-SUB PIC 99.).
- **Syntax:** tabellenelement-name (subskript-variable)
- **Verwendung:** Sie MOVEn einen Wert (wie 3 für das dritte Element) in die Subskript-Variable, *bevor* Sie auf das Tabellenelement zugreifen.

```
WORKING-STORAGE SECTION.
01 WS-MONATSUMSAETZE-TABELLE.
   05 WS-MONATSUMSATZ        PIC 9(7)V99 OCCURS 12 TIMES.
01 WS-MONAT-SUB             PIC 99. *> Subskript-Variable
01 WS-AKTUELLER-MONATSUMSATZ PIC 9(7)V99.

PROCEDURE DIVISION.
ZUGRIFF-MIT-SUBSKRIPT.
    MOVE 5 TO WS-MONAT-SUB. *> Ziele auf den 5. Monat (Mai)

*-- Speichere einen Wert im 5. Element
    MOVE 15000.75 TO WS-MONATSUMSATZ (WS-MONAT-SUB).

*-- Rufe den Wert aus dem 5. Element ab
    MOVE WS-MONATSUMSATZ (WS-MONAT-SUB) TO WS-AKTUELLER-MONATSUMSATZ.
    DISPLAY "Umsatz für Monat " WS-MONAT-SUB ": " WS-AKTUELLER-
MONATSUMSATZ.

*-- Durchlaufen mit einem Subskript (erfordert PERFORM VARYING aus Kapitel
6)
    PERFORM VARYING WS-MONAT-SUB FROM 1 BY 1 UNTIL WS-MONAT-SUB > 12
        *> Initialisiere oder verarbeite jedes Element
        MOVE ZERO TO WS-MONATSUMSATZ (WS-MONAT-SUB)
    END-PERFORM.

    STOP RUN.
```

Erwartete Ausgabe:

```
Umsatz für Monat 05: 015000.75
```

Vorsicht: COBOL, insbesondere ältere Compiler, prüft möglicherweise nicht automatisch, ob Ihr Subskriptwert innerhalb des gültigen Bereichs liegt (1 bis 12 in diesem Fall). Die Verwendung eines Subskriptwerts von 0 oder 13 könnte zu unvorhersehbarem Verhalten oder Programmabstürzen (Speicherverletzungen) führen. Stellen Sie immer sicher, dass Ihre Subskriptlogik innerhalb der durch OCCURS definierten Grenzen bleibt.

Verwendung von Indexvariablen

Eine Indexvariable (Index) ist ein spezieller Variablentyp, der über die INDEXED BY-Klausel spezifisch mit einer Tabelle verknüpft ist. Indizes sind für den Tabellenzugriff optimiert und für die Verben SEARCH und SEARCH ALL *erforderlich*.

- **Definition:** Direkt über INDEXED BY indexname in der Tabellendefinition definiert. Sie definieren sie **nicht** separat wie eine PIC 99-Variable.
- **Syntax:** tabellenelement-name (indexname)
- **Manipulation:** Sie verwenden **nicht** MOVE, ADD oder SUBTRACT direkt für Indexnamen. Stattdessen verwenden Sie das SET-Verb:
    - SET indexname TO ganzzahl-wert: Setzt den Index so, dass er auf eine bestimmte Elementnummer zeigt (z. B. SET BLAND-IDX TO 1).
    - SET indexname UP BY ganzzahl-wert: Erhöht den Indexwert (zeigt auf spätere Elemente).
    - SET indexname DOWN BY ganzzahl-wert: Verringert den Indexwert.

```
WORKING-STORAGE SECTION.
01 WS-BUNDESLAND-CODE-TABELLE.
   05 WS-BUNDESLAND-EINTRAG OCCURS 50 TIMES
                          INDEXED BY BLAND-IDX. *> Indexdefinition
       10 WS-BUNDESLAND-CODE PIC XX.
       10 WS-BUNDESLAND-NAME PIC X(20).
01 WS-TEMP-BUNDESLAND-CODE  PIC XX.


PROCEDURE DIVISION.
ZUGRIFF-MIT-INDEX.
*-- Index auf das 10. Element zeigen lassen
    SET BLAND-IDX TO 10.

*-- Daten mit dem Index speichern
    MOVE 'BY' TO WS-BUNDESLAND-CODE (BLAND-IDX). *> Bayern
    MOVE 'Bayern' TO WS-BUNDESLAND-NAME (BLAND-IDX).

*-- Daten mit dem Index abrufen
    MOVE WS-BUNDESLAND-CODE (BLAND-IDX) TO WS-TEMP-BUNDESLAND-CODE.
    DISPLAY "Code an Indexpos 10: " WS-TEMP-BUNDESLAND-CODE.

*-- Zum nächsten Element bewegen
    SET BLAND-IDX UP BY 1. *> BLAND-IDX zeigt jetzt auf Element 11
    DISPLAY "Index zeigt nun auf Element nach Inkrement.".
```

```
*-- Durchlaufen mit einem Index
    PERFORM VARYING BLAND-IDX FROM 1 BY 1 UNTIL BLAND-IDX > 50
        INITIALIZE WS-BUNDESLAND-EINTRAG (BLAND-IDX)
    END-PERFORM.

    STOP RUN.
```

Erwartete Ausgabe:

```
Code an Indexpos 10: BY
Index zeigt nun auf Element nach Inkrement.
```

Subskripte vs. Indizes:

- **Subskripte:** Reguläre Variablen, vertraute MOVE/ADD-Logik (aber Vorsicht!), etwas weniger effizient für Tabellenzugriff, können nicht mit SEARCH/SEARCH ALL verwendet werden.
- **Indizes (Indexvariablen):** Spezieller Zweck, erfordern SET-Verb, generell effizienter, erforderlich für SEARCH/SEARCH ALL.

Für die meiste Tabellenverarbeitung, insbesondere bei Suchvorgängen, werden **Indizes bevorzugt**.

Initialisieren und Füllen von Tabellen

Wie bekommen Sie Daten in Ihre Tabellenelemente?

- VALUE-**Klausel (Kleine Tabellen):** Sie können manchmal kleinere, feste Nachschlagetabellen direkt in der DATA DIVISION mithilfe von VALUE-Klauseln initialisieren, oft kombiniert mit REDEFINES (ein fortgeschritteneres Thema). Dies ist weniger praktisch für große Tabellen oder Tabellen, die dynamisch geladen werden.

```
    *> Beispiel: Einfache feste Tabelle - oft anders strukturiert in der
Praxis
    01 WS-MONATSNAMEN-DATEN.
        05 FILLER PIC X(9) VALUE 'Januar'.
        05 FILLER PIC X(9) VALUE 'Februar'.
        05 FILLER PIC X(9) VALUE 'Maerz'. *> Korrigiert
        *> ... und so weiter ...
    01 WS-MONATS-TABELLE REDEFINES WS-MONATSNAMEN-DATEN.
        05 WS-MONATSNAME PIC X(9) OCCURS 12 TIMES.
```

- **Schleifen** (PERFORM VARYING): Die häufigste Methode ist die Verwendung einer Schleife, oft kombiniert mit dem Lesen von Daten aus einer Datei.

```
*> Annahme: BUNDESLAND-DATEI ist offen und enthält BL-Codes/Namen
*> Annahme: WS-BUNDESLAND-CODE-TABELLE ist definiert mit OCCURS 50
INDEXED BY BLAND-IDX
*> Annahme: BL-DATEI hat FD mit Feldern SF-BUNDESLAND-CODE, SF-
BUNDESLAND-NAME
*> Annahme: BL-STATUS und BL-DATEIENDE sind definiert


PROCEDURE DIVISION.
BUNDESLAND-TABELLE-LADEN.
    PERFORM VARYING BLAND-IDX FROM 1 BY 1 UNTIL BLAND-IDX > 50
        READ BUNDESLAND-DATEI NEXT RECORD *> Angenommene Datei
            AT END
                DISPLAY 'Fehler: Vorzeitiges Ende der Bundesland-
Datei!'
                *> Fehler behandeln - evtl. nicht genug Sätze für
Tabellengröße
                EXIT PERFORM *> Schleife verlassen
            NOT AT END
                IF BL-DATEI-OK *> Status prüfen (angenommener Status)
  *---------------- Daten aus Dateidatensatz in aktuelles
Tabellenelement verschieben
                    MOVE SF-BUNDESLAND-CODE TO WS-BUNDESLAND-CODE
(BLAND-IDX)
                    MOVE SF-BUNDESLAND-NAME TO WS-BUNDESLAND-NAME
(BLAND-IDX)
                ELSE
                    DISPLAY 'Fehler beim Lesen der BL-Datei! Status:
' WS-BL-STATUS *> Angepasster Status
                    EXIT PERFORM
                END-IF
        END-READ
    END-PERFORM.

    IF BLAND-IDX < 51 *> Prüfen, ob Schleife vollständig durchlaufen
wurde
        DISPLAY 'Warnung: Bundesland-Tabelle möglicherweise nicht
vollständig geladen.'
    END-IF.
    *> ... Tabelle ist jetzt gefüllt ...
```

Durchsuchen von Tabellen

Sobald eine Tabelle Daten enthält (insbesondere Nachschlagetabellen wie unsere Bundesland-Codes), müssen Sie oft herausfinden, ob ein bestimmter Wert existiert und möglicherweise zugehörige Daten abrufen. COBOL bietet hierfür zwei leistungsstarke Verben, die beide INDEXED BY erfordern.

SEARCH (Sequentielle Suche)

Das SEARCH-Verb führt eine **lineare Suche** durch. Es beginnt, Elemente nacheinander von der aktuellen Position des Index zu prüfen, bis es eine Übereinstimmung findet oder das Ende der Tabelle erreicht.

- **Voraussetzungen:** Tabelle muss mit INDEXED BY definiert sein.
- **Prozess:** Setzen Sie den Index zum Start der Suche (normalerweise SET indexname TO 1). SEARCH iteriert und prüft die WHEN-Bedingung für jedes Element.
- **Syntax:**

```
        SET indexname TO start-element-nummer. *> Normalerweise 1
        SEARCH tabellenelement-name *> Die Ebene mit OCCURS/INDEXED BY
            [VARYING indexname-2 | identifikator] *> Optional: Anderes
Element variieren
            [AT END imperative-anweisung-1] *> Code, wenn Suche
fehlschlägt
            WHEN bedingung-ist-erfuellt *> Zu prüfende Bedingung für
jedes Element
                imperative-anweisung-2 *> Code, wenn Suche erfolgreich
ist
            [WHEN bedingung-2 ...] *> Kann mehrere WHEN-Klauseln haben
        END-SEARCH. *> Bereichsabgrenzer


WORKING-STORAGE SECTION.
01 WS-BUNDESLAND-CODE-TABELLE.
    05 WS-BUNDESLAND-EINTRAG OCCURS 50 TIMES INDEXED BY BLAND-IDX.
        10 WS-BUNDESLAND-CODE PIC XX.
        10 WS-BUNDESLAND-NAME PIC X(20).
01 WS-SUCHCODE              PIC XX VALUE 'BY'. *> Bayern suchen
01 WS-GEFUNDENER-BLAND-NAME PIC X(20) VALUE SPACES.
01 WS-GEFUNDEN-KENNZEICHEN  PIC X VALUE 'N'.
    88 BLAND-GEFUNDEN        VALUE 'Y'.

PROCEDURE DIVISION.
BUNDESLAND-FINDEN-SEQ.
    SET BLAND-IDX TO 1. *> Suche am Anfang starten
```

```
          SEARCH WS-BUNDESLAND-EINTRAG *> Suche auf Elementebene
              AT END
                  DISPLAY 'Bundesland-Code nicht gefunden: ' WS-SUCHCODE
              WHEN WS-BUNDESLAND-CODE (BLAND-IDX) = WS-SUCHCODE
    *----------- Übereinstimmung gefunden!
                  MOVE WS-BUNDESLAND-NAME (BLAND-IDX) TO WS-GEFUNDENER-BLAND-
    NAME

                  MOVE 'Y' TO WS-GEFUNDEN-KENNZEICHEN
                  DISPLAY 'Gefundenes Bundesland: ' WS-GEFUNDENER-BLAND-NAME
          END-SEARCH.

          IF NOT BLAND-GEFUNDEN *> Kennzeichen prüfen, nachdem Suche
    abgeschlossen ist
                  DISPLAY 'Suche abgeschlossen, Bundesland nicht gefunden.'
          END-IF.
          STOP RUN.
```

Erklärung:

1. `SET BLAND-IDX TO 1` initialisiert die Suche.
2. `SEARCH WS-BUNDESLAND-EINTRAG` beginnt das Scannen.
3. Für jedes Element, auf das `BLAND-IDX` zeigt, prüft es `WHEN WS-BUNDESLAND-CODE (BLAND-IDX) = WS-SUCHCODE`.
4. Wenn eine Übereinstimmung auftritt, wird der Code unter `WHEN` ausgeführt (verschiebt Namen, setzt Kennzeichen), und der `SEARCH` **endet sofort**. `BLAND-IDX` zeigt auf das gefundene Element.
5. Wenn die Schleife ohne Übereinstimmung endet, wird der `AT END`-Code ausgeführt.

`SEARCH` ist einfach, aber für große Tabellen ineffizient, da es möglicherweise jedes Element prüfen muss.

SEARCH ALL (Binäre Suche)

Das `SEARCH ALL`-Verb führt eine viel schnellere **binäre Suche** durch. Es funktioniert nur bei **sortierten** Tabellen. Es teilt das Suchintervall wiederholt in zwei Hälften und grenzt so den Ort des Zielwerts schnell ein.

- **Voraussetzungen:**
  1. Tabelle muss mit `INDEXED BY` definiert sein.
  2. Tabelle muss mit `ASCENDING KEY IS` oder `DESCENDING KEY IS` definiert sein, wobei das/die zu durchsuchende(n) Feld(er) angegeben wird/werden.
  3. **Die Daten in der Tabelle *müssen* sortiert sein** gemäß diesem Schlüssel, *bevor* `SEARCH ALL` ausgeführt wird. Nicht sortierte Daten führen zu falschen Ergebnissen.

- **Prozess:** COBOL handhabt die binäre Suchlogik intern. Sie geben nur die Bedingung basierend auf dem KEY IS-Feld an.
- **Syntax:**

```
        SEARCH ALL tabellenelement-name *> Die Ebene mit
OCCURS/KEY/INDEXED BY
            [AT END imperative-anweisung-1] *> Code, wenn Suche
fehlschlägt
            WHEN schluessel-bedingung-ist-erfuellt *> Bedingung MUSS
das/die KEY IS Feld(er) involvieren
                imperative-anweisung-2 *> Code, wenn Suche erfolgreich
ist
        END-SEARCH. *> Bereichsabgrenzer
```

Hinweis: Es wird keine SET- oder VARYING-Klausel verwendet.

```
    WORKING-STORAGE SECTION.
    01 WS-BUNDESLAND-CODE-TABELLE.
       05 WS-BUNDESLAND-EINTRAG OCCURS 50 TIMES
                            ASCENDING KEY IS WS-BUNDESLAND-CODE *>
Schlüsseldefinition
                            INDEXED BY BLAND-IDX.
          10 WS-BUNDESLAND-CODE PIC XX.
          10 WS-BUNDESLAND-NAME PIC X(20).
    01 WS-SUCHCODE              PIC XX VALUE 'HE'. *> Hessen suchen
    01 WS-GEFUNDENER-BLAND-NAME PIC X(20) VALUE SPACES.

    PROCEDURE DIVISION.
    BUNDESLAND-FINDEN-BIN.
    *-- KRITISCH: Annahme, dass WS-BUNDESLAND-CODE-TABELLE geladen UND
    *--           nach WS-BUNDESLAND-CODE aufsteigend SORTIERT wurde.

        SEARCH ALL WS-BUNDESLAND-EINTRAG *> Suche auf Elementebene
            AT END
                DISPLAY 'BL-Code nicht gefunden (binär): ' WS-SUCHCODE
            WHEN WS-BUNDESLAND-CODE (BLAND-IDX) = WS-SUCHCODE *> Bedingung
verwendet KEY
            *------------ Übereinstimmung gefunden! Index wird von SEARCH ALL gesetzt.
                MOVE WS-BUNDESLAND-NAME (BLAND-IDX) TO WS-GEFUNDENER-BLAND-
NAME
                DISPLAY 'Gefundenes BL (binär): ' WS-GEFUNDENER-BLAND-NAME
        END-SEARCH.

        STOP RUN.
```

Erklärung:

1. SEARCH ALL initiiert die binäre Suche auf WS-BUNDESLAND-EINTRAG.
2. Es vergleicht WS-SUCHCODE mit dem KEY IS-Feld (WS-BUNDESLAND-CODE) an berechneten Mittelpunkten.
3. Wenn eine Übereinstimmung gefunden wird, wird der WHEN-Code ausgeführt, und BLAND-IDX zeigt auf das gefundene Element. Die Suche endet.
4. Wenn der Wert nicht gefunden werden kann, wird der AT END-Code ausgeführt.

SEARCH ALL ist signifikant schneller als SEARCH für große Tabellen, erfordert aber den Aufwand, sicherzustellen, dass die Tabelle vorher korrekt sortiert ist.

Mehrdimensionale Tabellen

COBOL ermöglicht es Ihnen, Tabellen innerhalb von Tabellen zu definieren, indem Sie OCCURS-Klauseln verschachteln. Dies erzeugt mehrdimensionale Strukturen wie Matrizen oder Gitter.

```
WORKING-STORAGE SECTION.
01 WS-UMSATZ-MATRIX.
    05 WS-REGION-ZEILE        OCCURS 4 TIMES *> 4 Regionen
                              INDEXED BY REGION-IDX.
      10 WS-REGION-NAME       PIC X(10).
      10 WS-MONAT-SPALTE      OCCURS 12 TIMES *> 12 Monate pro Region
                              INDEXED BY MONAT-IDX.
        15 WS-UMSATZBETRAG PIC 9(7)V99.

01 WS-ZIEL-REGION          PIC 99.
01 WS-ZIEL-MONAT           PIC 99.
```

Um auf ein Element in einer mehrdimensionalen Tabelle zuzugreifen, müssen Sie einen Subskript oder Index für *jede* Dimension (jede OCCURS-Ebene) angeben.

```
PROCEDURE DIVISION.
MATRIX-ZUGREIFEN.
*-- Zugriff auf Umsatz für Region 2, Monat 5 mit Indizes
    SET REGION-IDX TO 2.
    SET MONAT-IDX TO 5.
    MOVE 10000.00 TO WS-UMSATZBETRAG (REGION-IDX, MONAT-IDX).
    DISPLAY "Umsatz(R2, M5): " WS-UMSATZBETRAG (REGION-IDX, MONAT-IDX).

*-- Zugriff mit Subskripten (erfordert definierte WS-ZIEL-REGION/MONAT)
    MOVE 3 TO WS-ZIEL-REGION.
    MOVE 11 TO WS-ZIEL-MONAT.
    DISPLAY "Umsatz(R3, M11): "
            WS-UMSATZBETRAG (WS-ZIEL-REGION, WS-ZIEL-MONAT).
```

```
        STOP RUN.
```

Sie referenzieren das innerste Element (WS-UMSATZBETRAG) und geben die Indizes oder Subskripte in der Reihenfolge der OCCURS-Klauseln an, von außen nach innen.

Zusammenfassung des Kapitels

Dieses Kapitel stellte COBOL-Tabellen (Arrays) als eine Möglichkeit zur Verwaltung von Sammlungen ähnlicher Datenelemente vor. Sie haben gelernt, wie man Tabellen mit der OCCURS-Klausel definiert und wie man optional Sortierschlüssel (ASCENDING/ DESCENDING KEY IS) und Indizes (INDEXED BY) angibt. Wir haben den Zugriff auf Elemente mithilfe von standardmäßigen numerischen Subskripten im Vergleich zu spezialisierten Indizes, die mit dem SET-Verb manipuliert werden, gegenübergestellt. Sie haben gesehen, wie man Tabellen füllt, oft unter Verwendung von Schleifen wie PERFORM VARYING. Entscheidend ist, dass Sie den Unterschied zwischen SEARCH (linearer Scan) und SEARCH ALL (binäre Suche in sortierten Tabellen) zum Finden von Daten in Tabellen gelernt haben. Schließlich haben wir die Definition mehrdimensionaler Tabellen durch Verschachtelung von OCCURS-Klauseln angesprochen.

Nachdem Sie nun sowohl einzelne Datenelemente als auch Sammlungen innerhalb eines einzelnen Programms handhaben können, besteht der nächste Schritt darin zu lernen, wie man größere Aufgaben in kleinere, wiederverwendbare Einheiten zerlegt. Kapitel 13 untersucht die **modulare Programmierung**, stellt Unterprogramme und die CALL-Anweisung vor und ermöglicht es Ihnen, besser organisierten, wartbaren und wiederverwendbaren COBOL-Code zu schreiben.

Kapitel 13: Erstellen modularer Programme

Im Laufe dieses Buches haben wir zunehmend komplexere COBOL-Programme erstellt. Sie haben gelernt, Daten zu verwalten, Berechnungen durchzuführen, den Logikfluss zu steuern, mit für Geschäftsdaten entscheidenden Dateitypen umzugehen und sogar Ihre Anwendungen mithilfe von Unterprogrammen modular zu strukturieren. Während Programme größer werden und komplexere Aufgaben bewältigen, wird es unpraktisch, den gesamten Code einfach in eine einzige, riesige PROCEDURE DIVISION zu schreiben. Dies führt zu Code, der schwer zu verstehen, schwer zu debuggen und schwer zu ändern ist, ohne Fehler einzuführen. Genauso wie wir Daten mithilfe von Stufennummern organisieren (Kapitel 4) und Dateien mithilfe verschiedener Organisationen (Kapitel 7-10), benötigen wir eine Möglichkeit, unsere *Logik* zu organisieren. Dieses Kapitel führt das Konzept der **modularen Programmierung** in COBOL ein – das Aufteilen großer Programme in kleinere, überschaubare und wiederverwendbare Einheiten, die als Unterprogramme bezeichnet werden.

Die Notwendigkeit der Modularität

Stellen Sie sich vor, Sie bauen eine komplexe Maschine. Sie würden sie nicht als einen einzigen, riesigen, unteilbaren Block konstruieren. Stattdessen würden Sie einzelne Komponenten bauen – einen Motor, ein Getriebe, Räder – jede für eine spezifische Funktion ausgelegt. Diese Komponenten werden dann zusammengebaut, um die endgültige Maschine zu schaffen. Wenn der Motor eingestellt werden muss, können Sie nur am Motor arbeiten, ohne die Räder zu demontieren.

Modulare Programmierung wendet dasselbe Prinzip auf Software an. Anstatt eines monolithischen Programms, das versucht, alles zu tun, erstellen Sie:

- Ein **Hauptprogramm**, das den Gesamtfluss steuert und die Hauptaufgaben orchestriert.
- Mehrere **Unterprogramme** (oder Subroutinen), wobei jedes Unterprogramm für die Ausführung einer genau definierten Aufgabe verantwortlich ist (z. B.

Validierung von Eingabedaten, Berechnung der Umsatzsteuer, Formatierung einer Berichtszeile, Lesen eines bestimmten Dateityps).

Dieser Ansatz macht die Entwicklung, Verwaltung und Wartung komplexer Anwendungen erheblich einfacher.

Einführung in Unterprogramme

Ein COBOL-Unterprogramm ist im Wesentlichen ein vollständiges, separates COBOL-Programm mit eigenen IDENTIFICATION, ENVIRONMENT, DATA und PROCEDURE Divisionen. Es ist jedoch *nicht* dafür ausgelegt, eigenständig ausgeführt zu werden, sondern um ausgeführt zu werden, wenn es von einem anderen Programm (entweder dem Hauptprogramm oder einem anderen Unterprogramm) **aufgerufen** (CALL) wird.

Sein Hauptzweck ist es, eine spezifische Funktionalität zu kapseln. Sie könnten beispielsweise ein Unterprogramm DATUM-VALIDIEREN schreiben, das eine Datumszeichenkette akzeptiert und ein Kennzeichen zurückgibt, das angibt, ob das Datum gemäß spezifischen Geschäftsregeln gültig ist. Jedes Programm, das eine Datumsvalidierung benötigt, kann dieses Unterprogramm einfach CALLen, anstatt die Validierungslogik zu duplizieren.

Aufrufen von Unterprogrammen: Die CALL-Anweisung

Der Mechanismus, mit dem ein aufrufendes Programm ein Unterprogramm ausführt, ist die CALL-Anweisung.

Grundlegende Syntax

```
CALL 'unterprogramm-name'
    [USING parameter-1 [parameter-2] ...]
    [ON OVERFLOW imperative-anweisung-1] *> Ältere, weniger gebräuchliche
Verwendung
    [ON EXCEPTION imperative-anweisung-2] *> Für spezifische Ausnahmen
[END-CALL] *> COBOL 2002+, gute Praxis, falls verfügbar
```

- CALL 'unterprogramm-name': Der literale Name (in Anführungszeichen eingeschlossen) identifiziert das auszuführende Programm. Dieser Name entspricht normalerweise der PROGRAM-ID, die in der IDENTIFICATION DIVISION des Unterprogramms angegeben ist, oder dem Namen der kompilierten Unterprogramm-Moduldatei.
- USING parameter-1 [parameter-2] ...: Diese optionale, aber entscheidende Phrase listet die Datenelemente (Variablen oder Datensatz-

strukturen) auf, die das aufrufende Programm mit dem Unterprogramm teilen möchte. So werden Daten hin und her übergeben. Wir werden dies als Nächstes ausführlich besprechen.

- ON OVERFLOW / ON EXCEPTION: Diese Klauseln behandeln spezifische Fehlerbedingungen während des Aufrufs, z. B. wenn das Unterprogramm nicht gefunden wird (insbesondere bei dynamischen Aufrufen). Die Überprüfung des Rückgabecodes oder die Verwendung spezifischer Compiler-Funktionen wird oft für die Fehlerbehandlung bevorzugt.
- END-CALL: Ein Bereichsabgrenzer, der in späteren COBOL-Standards verfügbar ist.

Wenn die CALL-Anweisung ausgeführt wird, wird die Kontrolle vom aufrufenden Programm an die erste ausführbare Anweisung in der PROCEDURE DIVISION des aufgerufenen Unterprogramms übertragen. Wenn das Unterprogramm endet (mit GOBACK oder EXIT PROGRAM), kehrt die Kontrolle zu der Anweisung zurück, die unmittelbar auf den CALL im aufrufenden Programm folgt.

Teilen von Daten zwischen Programmen

Unterprogramme benötigen normalerweise Daten vom Aufrufer, um ihre Aufgabe zu erfüllen (z. B. das zu validierende Datum), und müssen oft Ergebnisse zurückgeben (z. B. das Validierungsstatuskennzeichen). Dieser Datenaustausch erfolgt über die in der USING-Phrase aufgeführten Parameter. Es sind drei Schlüsselkomponenten beteiligt:

Die CALL...USING-Phrase (Aufrufer)

Im aufrufenden Programm listen Sie die Datenelemente (definiert in seiner DATA DIVISION, normalerweise WORKING-STORAGE oder FILE SECTION) auf, auf die das Unterprogramm zugreifen können soll.

```
*> --- Aufrufendes Programm (HAUPTPROG) ---
      IDENTIFICATION DIVISION.
      PROGRAM-ID. HAUPTPROG.
      DATA DIVISION.
      WORKING-STORAGE SECTION.
      01 WS-EINGABE-DATUM    PIC X(8) VALUE '20240315'.
      01 WS-IST-GUELTIG-KZ   PIC X. *> Um Ergebnis vom Unterprogramm zu
empfangen

      PROCEDURE DIVISION.
      VALIDIERUNG-DURCHFUEHREN.
          DISPLAY "Rufe Unterprogramm VALIDAT auf...".
          CALL 'VALIDAT' USING WS-EINGABE-DATUM
                               WS-IST-GUELTIG-KZ.
      *-- Kontrolle kehrt hierher zurück, nachdem VALIDAT beendet ist
```

```
      DISPLAY "Zurück von VALIDAT. Kennzeichen: " WS-IST-GUELTIG-KZ.
      STOP RUN.
```

Hier stellt HAUPTPROG WS-EINGABE-DATUM und WS-IST-GUELTIG-KZ dem Unterprogramm namens VALIDAT zur Verfügung.

Die PROCEDURE DIVISION USING-Phrase (Aufgerufener)

Im Unterprogramm (VALIDAT in unserem Beispiel) *muss* die Überschrift der PROCEDURE DIVISION ebenfalls eine USING-Phrase enthalten, die Datennamen auflistet. Diese Namen entsprechen **positionsweise** den vom Aufrufer übergebenen Parametern.

```
*> --- Aufgerufenes Unterprogramm (VALIDAT) ---
      IDENTIFICATION DIVISION.
      PROGRAM-ID. VALIDAT.
      ENVIRONMENT DIVISION. *> Normalerweise minimal, es sei denn, Datei-E/A
wird benötigt
      DATA DIVISION.
      WORKING-STORAGE SECTION.
          *> Lokale Variablen für den internen Gebrauch des Unterprogramms
          01 LCL-JAHR          PIC 9(4).

      LINKAGE SECTION. *> <<<<<<<<< WICHTIG >>>>>>>>>
      01 LS-ZU-PRUEFENDES-DATUM PIC X(8).
      01 LS-GUELTIG-INDIKATOR   PIC X.

      PROCEDURE DIVISION USING LS-ZU-PRUEFENDES-DATUM
                               LS-GUELTIG-INDIKATOR.
      UNTERPROGRAMM-START.
          DISPLAY "VALIDAT wird ausgeführt... Empfangen: " LS-ZU-PRUEFENDES-
DATUM.
          *> ... Datumsvalidierungslogik hier durchführen ...
          *> ... Annahme: Validierungslogik setzt LS-GUELTIG-INDIKATOR ...
          IF LS-ZU-PRUEFENDES-DATUM(1:4) > '1900' *> Simplizistische Prüfung
              MOVE 'J' TO LS-GUELTIG-INDIKATOR *> J für Ja
          ELSE
              MOVE 'N' TO LS-GUELTIG-INDIKATOR *> N für Nein
          END-IF.
          DISPLAY "VALIDAT setzt Indikator auf: " LS-GUELTIG-INDIKATOR.
          GOBACK. *> Kontrolle an Aufrufer zurückgeben
```

Die LINKAGE SECTION (Aufgerufener)

Dies ist eine spezielle Sektion innerhalb der DATA DIVISION des **aufgerufenen Programms**. Sie definiert die Struktur (Layout) der Datenelemente, die vom Aufrufer übergeben werden.

- **Zweck:** Die LINKAGE SECTION beschreibt die Datenelemente, die in der PROCEDURE DIVISION USING-Phrase des Unterprogramms aufgeführt sind.
- **Abbildung, nicht Speicherung:** Entscheidend ist, dass die LINKAGE SECTION **keinen neuen Speicher** innerhalb des Unterprogramms zuweist. Stattdessen fungiert sie wie eine Vorlage oder Karte, die die Speicherorte der vom aufrufenden Programm übergebenen Datenelemente (WS-EINGABE-DATUM und WS-IST-GUELTIG-KZ in unserem Beispiel) überlagert.
- **Passendes Layout:** Die PIC-Klauseln und die Struktur der in der LINKAGE SECTION definierten Elemente müssen **exakt** mit den entsprechenden Elementen übereinstimmen, die vom Aufrufer in der CALL...USING-Phrase übergeben werden. Nichtübereinstimmungen in Länge oder Typ führen zu unvorhersehbaren Ergebnissen oder Programmabstürzen.

Im VALIDAT-Beispiel:

- LS-ZU-PRUEFENDES-DATUM in der LINKAGE SECTION bildet auf WS-EINGABE-DATUM aus HAUPTPROG ab.
- LS-GUELTIG-INDIKATOR bildet auf WS-IST-GUELTIG-KZ ab.

Wenn VALIDAT LS-GUELTIG-INDIKATOR ändert (z. B. MOVE 'J' TO LS-GUELTIG-INDIKATOR), ändert es *direkt den Wert* in der Variable WS-IST-GUELTIG-KZ des Aufrufers, da sie während des Aufrufs auf denselben Speicherort verweisen.

Fallstrick Parameter-Nichtübereinstimmung: Wenn der Aufrufer PIC X(8) übergeben hat, aber die LINKAGE SECTION das entsprechende Element als PIC X(10) definiert hat, könnte das Unterprogramm über den beabsichtigten Datenbereich hinaus lesen oder schreiben und andere Daten beschädigen. Stellen Sie immer sicher, dass die USING-Parameter in Anzahl, Reihenfolge, Größe und Typ zwischen Aufrufer und Aufgerufenem perfekt übereinstimmen.

Wie Programme verbunden werden: Statisches vs. Dynamisches Binden

Wie die Verbindung zwischen dem aufrufenden Programm und dem Unterprogramm hergestellt wird, kann auf zwei Hauptwegen geschehen:

- **Statisches Binden:** Wenn Sie Ihre Programme kompilieren, wird der Code für das Unterprogramm von einem Werkzeug namens **Linker** oder **Binder** direkt in die ausführbare Datei des Hauptprogramms integriert.

- **Vorteile:** Einfachere Bereitstellung (eine ausführbare Datei), potenziell schnellere Aufrufausführung (keine Ladezeit).
- **Nachteile:** Größere ausführbare Datei. Wenn Sie das Unterprogramm aktualisieren müssen, müssen Sie das gesamte Hauptprogramm neu binden.
- **Dynamisches Binden:** Das Unterprogramm wird in sein eigenes separates ausführbares Modul kompiliert (wie eine `.DLL` unter Windows, `.so` unter Linux oder ein Lademodul auf Mainframes). Wenn das Hauptprogramm die `CALL`-Anweisung *zur Laufzeit* ausführt, findet und lädt das Betriebssystem das Unterprogrammmodul in den Speicher, falls es noch nicht vorhanden ist.
  - **Vorteile:** Kleinere ausführbare Datei des Hauptprogramms. Unterprogramme können unabhängig aktualisiert werden (ersetzen Sie einfach die Unterprogramm-Moduldatei, vorausgesetzt, die Aufrufschnittstelle ändert sich nicht). Mehrere Programme können sich eine einzige Kopie des Unterprogramms im Speicher teilen.
  - **Nachteile:** Etwas komplexere Bereitstellung (Hauptprogramm + Unterprogrammmodule erforderlich). Potenzielle Laufzeitfehler, wenn das Unterprogrammmodul fehlt oder inkompatibel ist. Ein kleiner Overhead für das Laden des Moduls beim ersten Aufruf.

Mit GnuCOBOL erstellen Sie typischerweise Module für dynamisches Binden mit dem Flag -m (z. B. cobc -m validat.cbl) und kompilieren das Hauptprogramm normal (z. B. cobc -x hauptprog.cbl validat.o). Die genauen Befehle hängen von Ihrer Umgebung ab. Für Anfänger ist statisches Binden oft einfacher zu verwalten.

Rückgabe der Kontrolle: GOBACK vs. STOP RUN

Wie ein Unterprogramm endet und die Kontrolle an den Aufrufer zurückgibt, ist kritisch.

- `STOP RUN`: Diese Anweisung beendet die **gesamte COBOL-Ausführungseinheit (Run Unit)**. Das bedeutet, dass das aufrufende Programm, das Unterprogramm und alle anderen Programme, die innerhalb derselben Ausführungssequenz aufgerufen wurden, alle sofort gestoppt werden. **Sie sollten** `STOP RUN` **fast nie innerhalb eines Unterprogramms verwenden.** Verwenden Sie es nur in Ihrem Hauptprogramm der obersten Ebene, wenn die gesamte Anwendung enden soll.
- `GOBACK`: Diese Anweisung beendet die Ausführung des **aktuellen Programms** und gibt die Kontrolle an das aufrufende Programm zurück, speziell an die Anweisung, die unmittelbar auf den `CALL` folgt. Dies ist der standardmäßige, korrekte Weg, ein Unterprogramm zu beenden. Es funktioniert korrekt, unabhängig davon, ob das Programm als Hauptprogramm oder als Unterprogramm ausgeführt wird.

- **EXIT PROGRAM:** Ähnlich wie `GOBACK` gibt dies die Kontrolle an den Aufrufer zurück. Es muss jedoch die *einzige* Anweisung in seinem eigenen Paragraphen sein. `GOBACK` ist im Allgemeinen flexibler und wird in der modernen Praxis oft bevorzugt.

Faustregel: Verwenden Sie `GOBACK` (oder `EXIT PROGRAM`), um Unterprogramme zu beenden; verwenden Sie `STOP RUN` nur, um das Hauptprogramm zu beenden.

Die Vorteile der Modularität

Die Übernahme eines modularen Ansatzes durch die Verwendung von Unterprogrammen bietet erhebliche Vorteile, insbesondere für größere Anwendungen:

- **Wiederverwendbarkeit:** Ein gut konzipiertes Unterprogramm (wie Datumsvalidierung, Steuerberechnung) kann von mehreren Stellen innerhalb einer Anwendung aufgerufen oder sogar über verschiedene Anwendungen hinweg wiederverwendet werden, was Entwicklungszeit spart und Konsistenz gewährleistet.
- **Wartbarkeit:** Änderungen oder Fehlerbehebungen im Zusammenhang mit einer bestimmten Funktion können innerhalb des relevanten Unterprogramms isoliert werden, wodurch das Risiko verringert wird, nicht zusammenhängende Teile der Anwendung zu beeinträchtigen. Es ist einfacher, den Motor zu aktualisieren, ohne die Räder zu beschädigen.
- **Testbarkeit:** Jedes Unterprogramm kann oft unabhängig getestet werden (Unit-Tests), was den Debugging-Prozess vereinfacht.
- **Lesbarkeit & Organisation:** Das Aufteilen eines großen Problems in kleinere, benannte Module macht die Gesamtprogrammstruktur leichter verständlich.
- **Teamarbeit:** Verschiedene Entwickler oder Teams können gleichzeitig an separaten Unterprogrammen arbeiten und sie später über definierte `CALL`-Schnittstellen integrieren.

Zusammenfassung des Kapitels

Dieses Kapitel führte das wesentliche Konzept der modularen Programmierung in COBOL durch Unterprogramme ein. Sie haben gelernt, wie separate Programmeinheiten mithilfe der `CALL`-Anweisung aufgerufen werden und, was entscheidend ist, wie Daten zwischen ihnen mithilfe der `USING`-Phrase sowohl auf der Aufrufer- als auch auf der Aufgerufenen-Seite übergeben werden, unterstützt durch die `LINKAGE SECTION` im Unterprogramm. Wir haben zwischen statischem und dynamischem Binden unterschieden und den korrekten Weg hervorgehoben, wie Unterprogramme die Kontrolle mithilfe von `GOBACK` oder `EXIT PROGRAM` zurückgeben, wobei `STOP RUN` dem Hauptprogramm vorbehalten ist. Schließlich haben wir die erheblichen Vorteile der Modularität für die Erstellung wiederverwendbarer, wartbarer, testbarer und verständlicher COBOL-Anwendungen hervorgehoben.

Das Erstellen von Programmen aus kleineren, gut definierten Komponenten ist ein Eckpfeiler effektiver Softwareentwicklung. Nachdem Sie nun wissen, wie Sie Ihre Anwendung mithilfe von Modulen strukturieren, konzentriert sich das nächste Kapitel darauf, die Qualität und Korrektheit Ihres Codes sicherzustellen, indem Techniken zum **Debuggen und Testen** Ihrer COBOL-Programme untersucht werden.

Kapitel 14: Debuggen und Testen Ihres COBOL-Codes

Im vorherigen Kapitel haben wir die modulare Programmierung untersucht und große Aufgaben mithilfe von CALL und der LINKAGE SECTION in überschaubare Unterprogramme aufgeteilt. Diese Modularität hilft sicherlich bei der Organisation komplexer Logik, garantiert jedoch nicht automatisch, dass unsere Programme fehlerfrei sind oder die korrekten Ergebnisse liefern. Das Schreiben von Code ist oft ein iterativer Prozess, der das Finden von Fehlern (**Debugging**) und die Überprüfung, ob das Programm sich wie erwartet verhält (**Testen**), beinhaltet. Dieses Kapitel stellt gängige Fehlertypen, Techniken zum Auffinden und Beheben von Fehlern (Bugs) in COBOL sowie Strategien zum gründlichen Testen Ihrer Anwendungen vor.

Gängige Fehlertypen

Während Sie COBOL-Programme entwickeln, werden Sie wahrscheinlich auf drei Hauptkategorien von Fehlern stoßen:

1. **Syntaxfehler:** Dies sind Verstöße gegen die Regeln der COBOL-Sprache – wie das Falschschreiben eines Verbs, falsche Zeichensetzung, Platzieren von Anweisungen im falschen Bereich (A/B) oder das Vergessen einer erforderlichen Division. Diese Fehler werden typischerweise vom **Compiler** abgefangen, *bevor* Ihr Programm überhaupt versucht zu laufen. Der Compiler gibt normalerweise Fehlermeldungen aus, die die Zeilennummer und die Art des Fehlers angeben. Das Beheben von Syntaxfehlern ist normalerweise unkompliziert, sobald Sie die Meldung verstanden haben.

2. **Laufzeitfehler:** Diese Fehler treten auf, *während* Ihr Programm ausgeführt wird. Die Syntax ist korrekt, aber während der Verarbeitung geht etwas schief. Gängige Beispiele sind:
   - **Daten-Exceptions:** Versuch, Arithmetik mit einem Feld durchzuführen, das nicht-numerische Daten enthält (führt oft zu

einem SOC7-Abend auf Mainframes). Die Verwendung von `NUMVAL` (Kapitel 11) oder die Validierung der Eingabe kann dies verhindern.

- **Größenfehler (Size Errors):** Das Ergebnis einer arithmetischen Operation ist zu groß für das Empfangsfeld, und es wurde keine `ON SIZE ERROR`-Klausel (Kapitel 5) verwendet.
- **Dateistatusfehler:** Eine E/A-Operation (`OPEN`, `READ`, `WRITE` usw.) schlägt aus Gründen wie 'Datei nicht gefunden' (Status '35'), 'Doppelschlüssel' (Status '22') oder 'Dateiende' (Status '10') fehl, wenn sie nicht ordnungsgemäß behandelt wird. Die sorgfältige Überprüfung der `FILE STATUS`-Variable (Kapitel 7-10) ist unerlässlich.
- **Ungültiger Subskript/Index:** Versuch, auf ein Tabellenelement zuzugreifen, wobei ein Subskript- oder Indexwert außerhalb des gültigen Bereichs liegt, der durch die `OCCURS`-Klausel definiert ist (Kapitel 12).
- **Speicherzugriffsverletzungen:** Schwerwiegendere Fehler, manchmal verursacht durch falsche `CALL`-Parameterübereinstimmung (Kapitel 13) oder Tabellenzugriff außerhalb der Grenzen, bei denen das Programm versucht, auf Speicher zuzugreifen, auf den es nicht zugreifen sollte.

3. **Logikfehler:** Dies sind oft die schwierigsten Fehler. Das Programm kompiliert erfolgreich und läuft ohne Absturz, aber es erzeugt die falsche Ausgabe oder verhält sich falsch. Die Berechnungen könnten falsch sein, der falsche Entscheidungspfad in einer `IF`-Anweisung könnte genommen werden, oder Daten könnten in der falschen Reihenfolge verarbeitet werden. Das Finden von Logikfehlern erfordert sorgfältige Analyse, das Nachverfolgen der Programmausführung und den Vergleich der tatsächlichen Ausgabe mit der erwarteten Ausgabe.

Lesen von Compiler-Listings und Fehlermeldungen

Ihre erste Verteidigungslinie gegen Fehler ist der Compiler. Wenn Sie Ihren COBOL-Quellcode kompilieren (z. B. mit `cobc` für GnuCOBOL), generiert er Meldungen und oft ein **Compiler-Listing**. Dieses Listing verschachtelt typischerweise Ihre ursprünglichen Quellcodezeilen mit vom Compiler zugewiesenen Zeilennummern und allen Fehler- oder Warnmeldungen, die für bestimmte Zeilen generiert wurden.

Das Erlernen, diese Meldungen zu lesen und zu verstehen, ist entscheidend für die schnelle Behebung von Syntaxfehlern.

Beispiel Syntaxfehler

Betrachten Sie diesen fehlerhaften COBOL-Schnipsel (fehlender Punkt nach PROGRAM-ID):

```
IDENTIFICATION DIVISION.
PROGRAM-ID HALLO-FEHLER *> Fehlender Punkt hier!
AUTHOR. Ihr Name.

PROCEDURE DIVISION.
    DISPLAY "Dies wird nicht kompilieren!".
    STOP RUN.
```

Beim Kompilieren mit GnuCOBOL (cobc -x hallo_fehler.cbl) könnten Sie eine Ausgabe ähnlich dieser sehen:

```
hallo_fehler.cbl: 2: error: syntax error, unexpected identifier 'HALLO-FEHLER'
hallo_fehler.cbl: 2: error: unknown statement 'PROGRAM-ID'
hallo_fehler.cbl: 6: error: 'DISPLAY' outside of PROCEDURE DIVISION?
... (potenziell weitere Fehler aufgrund des ursprünglichen Problems)
```

Interpretation der Ausgabe:

- `hallo_fehler.cbl: 2:`: Identifiziert die Quelldatei und die ungefähre Zeilennummer, in der der Fehler erkannt wurde (Zeile 2 in diesem Fall).
- `error: syntax error...`: Beschreibt das spezifische Problem. Der Compiler erwartete nach `PROGRAM-ID` etwas anderes (einen Punkt) und fand stattdessen `HALLO-FEHLER`.
- Nachfolgende Fehler resultieren oft kaskadierend aus dem ersten. Das Beheben des ursprünglichen Fehlers (Hinzufügen des Punktes) wird wahrscheinlich viele der folgenden Meldungen auflösen.

Achten Sie genau auf die *erste* vom Compiler gemeldete Fehlermeldung, da sie oft die Ursache ist. Beheben Sie sie, speichern Sie Ihren Code und kompilieren Sie erneut. Wiederholen Sie diesen Vorgang, bis das Programm fehlerfrei kompiliert wird.

Debugging-Techniken (Eingebautes COBOL)

Sobald Ihr Programm kompiliert, können Sie immer noch auf Laufzeit- oder Logikfehler stoßen. COBOL bietet einige integrierte Werkzeuge, die Ihnen helfen, die Ausführung zu verfolgen und Daten zu inspizieren, obwohl moderne interaktive Debugger oft leistungsfähiger sind.

Verwendung von DISPLAY-Anweisungen

Die einfachste, universell verfügbare Debugging-Technik ist das Einfügen temporärer DISPLAY-Anweisungen in Ihre PROCEDURE DIVISION.

```
PERFORM ZINSEN-BERECHNEN.
```

```
           DISPLAY "DEBUG: Nach ZINSEN-BERECHNEN". *> Zeige Ausführungspfad
           DISPLAY "DEBUG: WS-HAUPTBETRAG = " WS-HAUPTBETRAG. *> Zeige Variablenwert
           DISPLAY "DEBUG: WS-ZINSEN     = " WS-ZINSEN.
           PERFORM BERICHTSZEILE-ERZEUGEN.
```

Durch das strategische Platzieren von `DISPLAY`-Anweisungen können Sie:

- Sehen, ob ein bestimmter Paragraph oder eine bestimmte Sektion ausgeführt wird.
- Die Werte von Schlüsselvariablen vor und nach kritischen Berechnungen oder Entscheidungen inspizieren.
- Den Kontrollfluss durch komplexe `IF`- oder `PERFORM`-Strukturen verfolgen.

Vorteile: Einfach, funktioniert überall, wo COBOL läuft. **Nachteile:** Erfordert Änderung des Quellcodes, Displays müssen vor der Produktion entfernt/auskommentiert werden, kann die Ausgabe überladen, erlaubt kein interaktives Stepping oder Ändern von Werten.

Debugging-Zeilen ('D' in Spalte 7)

COBOL ermöglicht es Ihnen, Zeilen mit einem 'D' in Spalte 7 zu markieren. Diese Zeilen werden als Kommentare behandelt, *es sei denn*, Sie kompilieren das Programm mit einer spezifischen Debugging-Option.

```
           IDENTIFICATION DIVISION.
           PROGRAM-ID. MEINPROG.
           ENVIRONMENT DIVISION.
           CONFIGURATION SECTION.
           SOURCE-COMPUTER. MEIN-PC WITH DEBUGGING MODE. *> 'D'-Zeilen aktivieren
           ...
           DATA DIVISION.
           ...
           PROCEDURE DIVISION.
               MOVE A TO B.
       D       DISPLAY "DEBUG: Habe gerade A nach B verschoben. Wert: " B. *>
       Debugging-Zeile
               ADD C TO B.
```

Wenn `WITH DEBUGGING MODE` kompiliert wird (die genaue Klausel kann je nach Compiler leicht variieren), wird die `DISPLAY`-Anweisung ausgeführt. Wenn *ohne* diesen Modus kompiliert wird, wird die Zeile ignoriert. Dies ermöglicht es Ihnen, temporären Debugging-Code beizubehalten und ihn nur bei Bedarf zu aktivieren, ohne `DISPLAY`-Anweisungen manuell ein-/auszukommentieren.

READY TRACE / RESET TRACE (Historisch/Mit Bedacht verwenden)

Dies sind ältere COBOL-Verben, die hauptsächlich zur Verfolgung der Ausführung von Paragraphnamen verwendet wurden.

- `READY TRACE.` schaltet das Tracing ein.
- `RESET TRACE.` schaltet das Tracing aus.

Wenn das Tracing aktiv ist, werden die Namen der Paragraphen typischerweise automatisch angezeigt, wenn sie während der Ausführung betreten werden.

Vorsicht: `READY TRACE` kann eine enorme Menge an Ausgabe erzeugen, insbesondere in Programmen mit vielen Paragraphen oder Schleifen. Dies erschwert oft das Finden der spezifischen Informationen, die Sie benötigen. Es ist im Allgemeinen weniger praktisch als gezielte `DISPLAY`-Anweisungen oder die Verwendung eines interaktiven Debuggers. Sie könnten es in älterem Code antreffen.

EXHIBIT (Historisch/Mit Bedacht verwenden)

Das `EXHIBIT`-Verb ähnelt `DISPLAY`, enthält aber oft automatisch den Namen des angezeigten Datenelements.

```
EXHIBIT NAMED WS-ZAEHLER WS-GESAMTUMSATZ.
```

Dies könnte eine Ausgabe wie `WS-ZAEHLER = 001 WS-GESAMTUMSATZ = +001500.75` erzeugen. Sein genaues Verhalten und seine Formatierung können zwischen Compilern variieren. Wie `READY TRACE` ist `EXHIBIT` in der modernen Praxis weniger verbreitet als `DISPLAY` oder Debugger.

Verwendung von Debugger-Werkzeugen

Während die eingebauten Funktionen von COBOL helfen können, profitieren komplexe Logikfehler oft von einem **interaktiven Debugger**. Ein Debugger ist ein separates Werkzeug, das es Ihnen ermöglicht, die Ausführung Ihres kompilierten Programms Schritt für Schritt zu steuern und seinen Zustand zu untersuchen.

Gängige Debugger-Funktionen:

- **Haltepunkte (Breakpoints):** Sie können dem Debugger anweisen, die Ausführung *kurz bevor* eine bestimmte Codezeile ausgeführt wird, anzuhalten. Dies ermöglicht es Ihnen, das Programm normal bis zu einem interessierenden Punkt laufen zu lassen.
- **Schrittweise Ausführung (Stepping):** Sobald angehalten, können Sie das Programm Zeile für Zeile ausführen.

- **Step Into** (Hineinsteigen): Wenn die nächste Zeile ein `CALL` zu einem Unterprogramm ist, bewegt sich die Ausführung in das Unterprogramm.
- **Step Over** (Überspringen): Wenn die nächste Zeile ein `CALL` ist, führt der Debugger das gesamte Unterprogramm aus und hält *nach* der Rückkehr des `CALL` wieder an.
- **Step Out** (Heraussteigen): Führt den Rest des aktuellen Unterprogramms aus und hält nach der Rückkehr zum Aufrufer an.
- **Inspizieren/Überwachen von Variablen:** Während angehalten, können Sie die aktuellen Werte von Variablen anzeigen. Sie können Variablen oft "überwachen" (watch), sodass ihre Werte kontinuierlich angezeigt und aktualisiert werden, während Sie durch den Code steppen.
- **Werte ändern:** Einige Debugger erlauben es Ihnen, den Wert einer Variablen manuell zu ändern, während Sie angehalten sind, sodass Sie verschiedene Szenarien testen können, ohne den Quellcode ändern und neu kompilieren zu müssen.

Verfügbarkeit:

- **GnuCOBOL:** Kann oft mit dem Standard GNU Debugger (gdb) verwendet werden, erfordert jedoch das Kompilieren mit Debugging-Symbolen (`cobc -g ...`). Die Schnittstelle ist kommandozeilenbasiert, kann aber mit grafischen Frontends verwendet werden.
- **Mainframe-Umgebungen (z/OS):** Werkzeuge wie IBM Debug Tool bieten anspruchsvolle interaktive Debugging-Funktionen, die in die Umgebung integriert sind.
- **Micro Focus:** Bietet integrierte grafische Debugger innerhalb seiner Entwicklungsumgebungen.

Die effektive Nutzung eines Debuggers erfordert Übung, ist aber eine unschätzbare Fähigkeit zur Bewältigung komplexer Fehler, da Sie genau sehen können, was Ihr Programm während der Ausführung tut. Ein tiefer Einblick in spezifische Debugger-Befehle sprengt den Rahmen dieses Buches, aber das Verständnis ihrer Fähigkeiten ist unerlässlich.

Entwicklung einer Teststrategie

Debugging konzentriert sich auf das Finden und Beheben von Fehlern, *nachdem* sie aufgetreten sind. Testen ist ein breiterer, proaktiver Prozess, der darauf abzielt, Fehler zu **verhindern** und zu **überprüfen**, ob das Programm seine Anforderungen erfüllt. Eine gute Teststrategie umfasst mehrere Ebenen:

1. **Unit-Tests (Modultests):** Testen einzelner Komponenten (Paragraphen, Sektionen oder idealerweise separate Unterprogramme, wie in Kapitel 13 besprochen) isoliert. Sie könnten ein kleines "Treiber"-Programm schreiben,

das ein Unterprogramm mit spezifischen Eingaben aufruft und prüft, ob die Ausgaben und zurückgegebenen Werte korrekt sind. Dies hilft sicherzustellen, dass jedes Teil korrekt funktioniert, bevor sie kombiniert werden.

2. **Integrationstests:** Nach den Unit-Tests testen Sie die Interaktion *zwischen* Modulen. Übergibt Programm A Daten korrekt an Unterprogramm B? Gibt Unterprogramm B die erwarteten Ergebnisse an Programm A zurück? Fließen die Daten korrekt durch eine Aufrufkette?

3. **Systemtests:** Testen der gesamten Anwendung als Ganzes, wobei die reale Nutzung simuliert wird. Erfüllt das Gesamtsystem die spezifizierten Geschäftsanforderungen? Dies beinhaltet oft das Testen von End-to-End-Prozessen.

4. **Regressionstests:** Immer wenn Sie einen Fehler beheben oder eine neue Funktion hinzufügen, sollten Sie frühere Tests (insbesondere Unit- und Integrationstests) erneut ausführen, um sicherzustellen, dass Ihre Änderungen nicht versehentlich vorhandene Funktionalität beschädigt haben. Dies ist entscheidend für die Aufrechterhaltung der Stabilität.

Entwurf von Testfällen

Effektives Testen beruht auf dem Entwurf guter **Testfälle**. Jeder Testfall sollte Folgendes umfassen:

- Spezifische Eingabedaten.
- Die auszuführenden Schritte.
- Die **erwartete Ausgabe** oder das erwartete Verhalten.

Berücksichtigen Sie beim Entwurf von Testfällen:

- **Normalbedingungen:** Testen Sie typische, gültige Eingaben und Szenarien.
- **Grenzbedingungen:** Testen Sie Werte an den Rändern gültiger Bereiche (z. B. die minimale und maximale gültige Menge, der erste und letzte Tag eines Monats, eine exakt volle Tabelle). Fehler treten oft an diesen Grenzen auf.
- **Fehlerbedingungen:** Testen Sie ungültige Eingaben, unerwartete Dateibedingungen (z. B. leere Datei, Datei nicht gefunden), Werte außerhalb des gültigen Bereichs und stellen Sie sicher, dass das Programm diese ordnungsgemäß behandelt (z. B. eine Fehlermeldung anzeigt, nicht abstürzt).

Gründliches Testen ist entscheidend für die Erstellung zuverlässiger COBOL-Anwendungen, insbesondere angesichts ihrer häufigen Verwendung in geschäftskritischen Systemen.

Zusammenfassung des Kapitels

Dieses Kapitel befasste sich mit den kritischen Aktivitäten des Debuggens und Testens. Wir identifizierten die gängigen Fehlertypen: Syntaxfehler, die vom Compiler abgefangen werden, Laufzeitfehler während der Ausführung und Logikfehler, die zu falschen Ergebnissen führen. Sie haben gelernt, wie man Compiler-Listings interpretiert und grundlegende COBOL-Debugging-Tools wie `DISPLAY`, Debugging-Zeilen (`D`) und die historischen Verben `READY TRACE` und `EXHIBIT` nutzt. Wir haben das Konzept und die Kernfunktionen leistungsfähigerer interaktiver Debugger vorgestellt. Schließlich verlagerte sich der Fokus auf proaktives Testen, wobei verschiedene Ebenen (Unit, Integration, System, Regression) und die Bedeutung des Entwurfs umfassender Testfälle, die Normal-, Grenz- und Fehlerbedingungen abdecken, skizziert wurden.

Sicherzustellen, dass Ihr Code korrekt und robust ist, ist von größter Bedeutung. Der COBOL 85-Standard, der die Grundlage unserer Diskussionen bildet, führte mehrere Funktionen ein, die speziell darauf abzielten, die Codestruktur und Zuverlässigkeit zu verbessern. Das nächste Kapitel wird einige dieser wichtigen **Verbesserungen des COBOL 85-Standards** hervorheben und bekräftigen, warum diese Version ein bedeutender Fortschritt für die Sprache war.

Kapitel 15: Verbesserungen des COBOL 85-Standards

Während dieses Buches lag unser Fokus hauptsächlich auf COBOL, wie es durch den **ANSI-Standard von 1985** definiert wird, oft einfach als **COBOL 85** bezeichnet. Obwohl COBOL lange vor 1985 existierte (entstanden 1959 und standardisiert 1968 und 1974), markierte der '85er-Standard eine signifikante Entwicklung. Er führte Funktionen ein, die die **strukturierte Programmierung** stark förderten und COBOL-Code im Vergleich zu früheren Versionen lesbarer, wartbarer und weniger fehleranfällig machten. Dieses Kapitel hebt einige der wirkungsvollsten Verbesserungen hervor, die in COBOL 85 eingeführt oder formalisiert wurden, von denen viele Sie bereits aufgrund unserer vorherigen Kapitel als Standardpraxis verwendet haben.

Bereichsabgrenzer (Scope Terminators): Ende der Mehrdeutigkeit

Die vielleicht wichtigste strukturelle Verbesserung in COBOL 85 war die Einführung expliziter **Bereichsabgrenzer (Scope Terminators)**. Vor COBOL 85 verließen sich verschachtelte IF-Anweisungen, READ AT END-Klauseln und PERFORM-Schleifen ausschließlich auf Punkte (.), um den Bereich ihrer zugehörigen Anweisungen zu definieren. Dies konnte zu Mehrdeutigkeiten und Fehlern führen, insbesondere bei komplexen Verschachtelungen.

Das Problem mit Punkten

Betrachten Sie diesen Code im Stil vor COBOL 85:

```
*> Stil vor COBOL 85 – Abhängig von Punkten
      IF BEDINGUNG-A
          MOVE X TO Y
```

```
            IF BEDINGUNG-B
                 MOVE P TO Q
                 ADD 1 TO ZAEHLER
         ELSE
              MOVE M TO N. *> Gehört dieses ELSE zu IF BEDINGUNG-A oder IF
BEDINGUNG-B?
            *> Die Einrückung legt nahe, dass es zu BEDINGUNG-A gehört,
            *> aber die Platzierung des Punktes ordnet es tatsächlich BEDINGUNG-B zu!
```

Der Punkt nach MOVE M TO N beendete die *gesamte* IF BEDINGUNG-A-Struktur,
wodurch das ELSE nur für das innere IF BEDINGUNG-B galt. Diese Diskrepanz zwischen "logischer Einrückung" und tatsächlicher Struktur war eine häufige Quelle sub-
tiler und frustrierender Fehler.

Die COBOL 85-Lösung

COBOL 85 führte explizite Terminatoren für viele Schlüsselverben ein, die das Ende
ihres Geltungsbereichs unabhängig von der Platzierung von Punkten klar markieren:

- END-IF: Beendet eine IF-Anweisung.
- END-PERFORM: Beendet eine Inline-PERFORM-Anweisung.
- END-READ: Beendet eine READ-Anweisung (umschließt AT END und NOT AT
  END).
- END-WRITE: Beendet eine WRITE-Anweisung (umschließt INVALID KEY usw.).
- END-DELETE: Beendet eine DELETE-Anweisung.
- END-REWRITE: Beendet eine REWRITE-Anweisung.
- END-START: Beendet eine START-Anweisung.
- END-SEARCH: Beendet eine SEARCH- oder SEARCH ALL-Anweisung.
- END-EVALUATE: Beendet eine EVALUATE-Anweisung.
- END-CALL: Beendet eine CALL-Anweisung (späterer Standard, passt aber ins
  Muster).
- END-COMPUTE: Beendet eine COMPUTE-Anweisung (umschließt ON SIZE ERROR).
- END-ADD, END-SUBTRACT, END-MULTIPLY, END-DIVIDE, END-STRING, END-
  UNSTRING: Beenden ihre jeweiligen Verben.

Beispiel mit END-IF:

```
*> COBOL 85-Stil - Verwendung von END-IF
      IF BEDINGUNG-A THEN
         MOVE X TO Y
         IF BEDINGUNG-B THEN
             MOVE P TO Q
             ADD 1 TO ZAEHLER
         END-IF *> Dieses END-IF schließt eindeutig das INNERE IF
      ELSE
```

```
      MOVE M TO N *> Dieses ELSE gehört nun korrekt zu IF BEDINGUNG-A
   END-IF *> Dieses END-IF schließt eindeutig das ÄUSSERE IF
```

Indem die Abhängigkeit von Punkten zur Strukturierung dieser Blöcke beseitigt wurde, machte COBOL 85 verschachtelte Logik weitaus weniger fehleranfällig und viel einfacher korrekt zu lesen und zu warten. **Die Verwendung expliziter Bereichsabgrenzer gilt als essentielle Standardpraxis** in der modernen COBOL-Programmierung.

Die EVALUATE-Anweisung erneut betrachtet

Während IF...THEN...ELSE bedingte Logik handhabt, führten komplexe Mehrfachverzweigungen in älterem COBOL oft zu tief verschachtelten und schwer nachvollziehbaren IF-Strukturen. Wie wir in Kapitel 6 gesehen haben, führte COBOL 85 die EVALUATE-Anweisung als saubere, strukturierte Alternative ein.

```
*> Verschachteltes IF-Äquivalent vor COBOL 85
     IF WS-NOTENCODE = 'A'
         PERFORM VERARBEITE-NOTE-A
     ELSE
         IF WS-NOTENCODE = 'B'
             PERFORM VERARBEITE-NOTE-B
         ELSE
             IF WS-NOTENCODE = 'C'
                 PERFORM VERARBEITE-NOTE-C
             ELSE
                 PERFORM VERARBEITE-ANDERE-NOTE.

*> COBOL 85 EVALUATE-Äquivalent
     EVALUATE WS-NOTENCODE
         WHEN 'A'
             PERFORM VERARBEITE-NOTE-A
         WHEN 'B'
             PERFORM VERARBEITE-NOTE-B
         WHEN 'C'
             PERFORM VERARBEITE-NOTE-C
         WHEN OTHER
             PERFORM VERARBEITE-ANDERE-NOTE
     END-EVALUATE.
```

EVALUATE bietet mehrere Vorteile:

- **Lesbarkeit:** Viel klarer zur Darstellung von Fallunterscheidungen oder Mehrfachauswahlen.

- **Flexibilität:** Kann verschiedene Arten von Subjekten (TRUE, Variablen, Ausdrücke) und Bedingungen (WHEN-Klauseln mit Werten, Bereichen, Bedingungen) auswerten.
- **Struktur:** Fördert strukturierten Code im Vergleich zu potenziell verwirrenden verschachtelten IFs.

Die EVALUATE-Anweisung war eine bedeutende Ergänzung zum Schreiben klarerer Entscheidungslogik.

Intrinsische Funktionen

Wie in Kapitel 11 detailliert beschrieben, war die Einführung **intrinsischer Funktionen** (FUNCTION funktionsname(...)) in COBOL 85 ein wichtiger Schritt zur Modernisierung. Davor erforderten gängige Operationen wie das Abrufen des aktuellen Datums, das Berechnen von Quadratwurzeln oder das Konvertieren von Daten das Aufrufen von Systemroutinen (oft spezifisch für das Betriebssystem oder die Hardware) oder das Schreiben komplexer COBOL-Logik.

Intrinsische Funktionen boten eine standardisierte, portable Möglichkeit, diese Aufgaben direkt in COBOL mithilfe von Verben wie MOVE oder COMPUTE durchzuführen. Funktionen wie CURRENT-DATE, LENGTH, NUMVAL, SQRT, MAX, MIN, UPPER-CASE, LOWER-CASE und viele andere reduzierten den Bedarf an benutzerdefiniertem Code oder nicht portablen externen Aufrufen erheblich und machten Programme eigenständiger und einfacher zu migrieren.

In-line PERFORM

Kapitel 6 stellte verschiedene Formen des PERFORM-Verbs vor. Während das Ausführen separater Paragraphen (PERFORM paragraph-name UNTIL...) vor COBOL 85 möglich war, formalisierte und förderte der Standard das **In-line PERFORM**.

```
*> Ausführen eines separaten Paragraphen (älterer Stil üblich)
     PERFORM VERARBEITE-SATZ UNTIL DATEIENDE-ERREICHT.
     ...
  VERARBEITE-SATZ.
     *> Logik zur Verarbeitung eines Satzes...
     READ EINGABE-DATEI AT END MOVE 'J' TO DATEIENDE-KENNZEICHEN.

*> In-line PERFORM (COBOL 85 und später, oft bevorzugt)
     PERFORM UNTIL DATEIENDE-ERREICHT
        *> Logik zur Verarbeitung eines Satzes...
        READ EINGABE-DATEI
           AT END MOVE 'J' TO DATEIENDE-KENNZEICHEN
        END-READ *> Erfordert Bereichsabgrenzer
     END-PERFORM. *> Essentieller Bereichsabgrenzer
```

Das In-line `PERFORM` hält die Logik der Schleife physisch dort, wo die Schleife initiiert wird, was oft die Code-Lokalität verbessert und es einfacher macht, dem Fluss zu folgen, ohne zu einem separaten Paragraphen springen zu müssen. Kombiniert mit `END-PERFORM` bietet es ein klares, strukturiertes Schleifenkonstrukt.

Referenzmodifikation

Ebenfalls in Kapitel 11 behandelt, bot die **Referenzmodifikation** (`datenelement(start:laenge)`) eine Standardsyntax für den Zugriff auf Teilzeichenketten. Vor COBOL 85 erforderte das Erreichen dieses Ziels oft komplexe `DATA DIVISION`-Strukturen mit `REDEFINES` oder umständliche Verwendung von `UNSTRING` und `STRING`. Die Referenzmodifikation bot eine direkte und lesbare Möglichkeit, mit Teilen von Datenfeldern zu arbeiten, was Aufgaben wie Datenextraktion, Validierung und partielle Aktualisierungen vereinfachte.

Weitere Sprachverbesserungen

COBOL 85 enthielt zahlreiche weitere kleinere Verfeinerungen und Klarstellungen, wie zum Beispiel:

- `INITIALIZE`-Verb: Bietet eine bequeme Möglichkeit, Gruppen- oder Elementarfelder auf geeignete Anfangswerte zu setzen (Nullen für numerische, Leerzeichen für alphanumerische), ohne mehrere `MOVE`-Anweisungen zu benötigen.

    ```
    INITIALIZE WS-MITARBEITER-DATENSATZ. *> Setzt numerische Felder
    auf 0, alphanumerische auf Leerz.
    ```

- **Globale Variablen** (`IS GLOBAL`): Erlaubte den direkten Zugriff auf Datenelemente, die in einem übergeordneten (äußeren) Programm definiert wurden, innerhalb verschachtelter Unterprogramme, ohne sie über `USING` übergeben zu müssen. (Verschachtelte Programme sind ein weniger verbreitetes Merkmal).
- `CONTINUE`-Anweisung: Eine "Nichts-tun"-Anweisung, manchmal nützlich als Platzhalter innerhalb eines `IF`- oder `EVALUATE`-Zweigs, wo keine Aktion erforderlich ist, was die Klarheit gegenüber dem Leerlassen des Zweigs verbessert.

    ```
    IF WS-STATUS = 'OK'
        CONTINUE
    ELSE
        PERFORM FEHLER-VERARBEITEN.
    END-IF.
    ```

- **Verbesserte Tabellenhandhabung:** Obwohl OCCURS existierte, standardisierte COBOL 85 Funktionen wie INDEXED BY und die SEARCH/SEARCH ALL-Verben, was eine effizientere Tabellenverarbeitung ermöglichte (Kapitel 12).

Auswirkungen von COBOL 85

Der COBOL 85-Standard war ein Wendepunkt. Durch die Einführung expliziter Bereichsabgrenzer, EVALUATE, intrinsischer Funktionen, In-line PERFORM, Referenzmodifikation und anderer strukturierter Konstrukte stellte er die Werkzeuge zur Verfügung, die benötigt wurden, um COBOL-Code zu schreiben, der:

- **Strukturierter** war: Logische Blöcke waren leichter zu verfolgen.
- **Lesbarer** war: Klarere Syntax für Entscheidungen und Schleifen.
- **Wartbarer** war: Reduzierte Mehrdeutigkeit und Abhängigkeit von leicht falsch platzierten Punkten machten den Code sicherer zu ändern.
- **Portabler** war: Intrinsische Funktionen reduzierten die Abhängigkeit von systemspezifischen Routinen.

Obwohl spätere Standards (COBOL 2002, 2014 usw.) weitere Funktionen wie Objektorientierung, XML-Verarbeitung und Gleitkommatypen einführten, bleibt COBOL 85 die Grundlage für eine riesige Menge an bestehendem Geschäftsanwendungscode, der heute läuft. Das Verständnis seiner Schlüsselfunktionen ist für jeden COBOL-Programmierer unerlässlich.

Zusammenfassung des Kapitels

Dieses Kapitel konzentrierte sich auf die Bedeutung des COBOL 85-Standards. Wir haben Schlüsselfunktionen erneut betrachtet, die in dieser Version formalisiert oder eingeführt wurden, und dabei explizite Bereichsabgrenzer (END-IF, END-PERFORM usw.) zur Beseitigung von Mehrdeutigkeiten, die EVALUATE-Anweisung für klare Mehrfachverzweigungen, intrinsische Funktionen für standardisierte Operationen, In-line PERFORM für bessere Code-Lokalität und Referenzmodifikation für direkten Zugriff auf Teilzeichenketten hervorgehoben. Diese Verbesserungen haben die Unterstützung von COBOL für die strukturierte Programmierung grundlegend verbessert und zu zuverlässigerem und wartbarerem Code geführt.

Nachdem wir die Struktur, Datenverarbeitung, Logiksteuerung, Dateiverarbeitung, Modularität, das Debugging und die wichtigsten Standardfunktionen von COBOL 85 untersucht haben, wenden wir uns nun dem Gesamtbild zu. Kapitel 16 wird **COBOLs fortwährende Rolle in der modernen Technologielandschaft** diskutieren und untersuchen, wo es läuft, wie es sich in andere Systeme integriert und warum es heute relevant bleibt.

Kapitel 16: COBOL in der modernen Technologielandschaft

Wir haben gemeinsam die Struktur, Syntax und Kernfähigkeiten von COBOL 85 durchschritten. Sie haben gelernt, Daten sorgfältig zu definieren, den Programmfluss präzise zu steuern, verschiedene für Geschäftsdaten entscheidende Dateitypen zu handhaben und sogar Ihre Anwendungen mithilfe von Unterprogrammen modular zu strukturieren. Sie fragen sich vielleicht jedoch, nachdem Sie eine Sprache gelernt haben, die vor Jahrzehnten standardisiert wurde: "Wo passt COBOL in die heutige Welt der Webanwendungen, mobilen Geräte und Cloud-Computing?" Es ist eine berechtigte Frage, und die Antwort könnte Sie überraschen. Weit davon entfernt, ein Relikt zu sein, bleibt COBOL ein wichtiger, oft unsichtbarer Motor, der bedeutende Teile der globalen Wirtschaft antreibt. Dieses Kapitel untersucht COBOLs fortwährende Relevanz und seinen Platz in der zeitgenössischen Technologie.

COBOLs fortwährende Rolle in Geschäftssystemen

Sie haben früh gelernt (Kapitel 1), dass COBOL für Common *Business-Oriented* Language steht. Diese Ausrichtung ist der Schlüssel zu seiner Langlebigkeit. Während andere Sprachen für unterschiedliche Zwecke entstanden sind, wurde COBOL von Grund auf entwickelt, um die spezifischen Anforderungen der Geschäftsdatenverarbeitung zu erfüllen: Verwaltung großer Datenmengen, Durchführung genauer Finanzberechnungen (erinnern Sie sich an `PIC 9V99` aus Kapitel 4?) und Gewährleistung der Transaktionsintegrität.

Vor Jahrzehnten investierten Organisationen im Bankwesen, Versicherungswesen, in Regierungen, im Transportwesen und im Einzelhandel stark in den Aufbau von Kerngeschäftssystemen mit COBOL. Diese Systeme verarbeiten Gehaltsabrechnungen, verwalten Versicherungspolicen, handhaben Bankkonten und Transaktionen, verfolgen Lieferungen, verwalten Lagerbestände und führen unzählige andere kritische Funktionen aus. Sie funktionieren, sie sind zuverlässig und sie verarbeiten **riesige** Transaktionsvolumina – oft in effizienten Stapelverarbeitungszyklen oder über Transaktionsverarbeitungssysteme wie CICS oder IMS auf Mainframes.

Das Neuschreiben dieser komplexen, tief eingebetteten Systeme in einer neueren Sprache ist nicht nur technisch herausfordernd; es stellt enorme Kosten und erhebliche Geschäftsrisiken dar. Ein fehlgeschlagenes Neuschreiben könnte eine große Bank oder Fluggesellschaft lahmlegen. Folglich verlassen sich viele Organisationen weiterhin auf ihre grundlegenden COBOL-Anwendungen, warten sie und erweitern sie sogar, anstatt sie komplett zu ersetzen. Der Code, den Sie zu schreiben und zu verstehen gelernt haben, verarbeitet aktiv Billionen von Dollar und verwaltet weltweit jeden Tag wesentliche Daten.

Ausführen von COBOL auf verschiedenen Plattformen

Obwohl COBOLs historisches Kernland der Mainframe ist, ist es nicht darauf beschränkt. Sie finden COBOL heute effektiv auf verschiedenen Plattformen:

Mainframes (z/OS)

Dies bleibt die primäre Plattform für viele groß angelegte COBOL-Anwendungen, insbesondere im Finanz- und Versicherungswesen. Mainframes, die Betriebssysteme wie IBMs z/OS ausführen, bieten unübertroffene Zuverlässigkeit, Sicherheit, Ein-/Ausgabe-Leistung und die Fähigkeit, immense Arbeitslasten zu verarbeiten. Die Dateiverarbeitungskonzepte, die wir besprochen haben, insbesondere indizierte Dateien (Kapitel 9), lassen sich oft direkt auf leistungsstarke Mainframe-Dateisysteme wie VSAM KSDS abbilden. Konzepte wie die Stapelverarbeitung sequentieller Dateien (Kapitel 8) sind grundlegende Mainframe-Operationen.

Verteilte Systeme (Linux, UNIX, Windows)

COBOL ist auch auf verteilten oder "offenen" Systemen weit verbreitet. Compiler wie GnuCOBOL (auf den wir uns zur Einrichtung Ihrer Umgebung in Kapitel 2 konzentriert haben) ermöglichen die Entwicklung und Ausführung unter Linux, Windows und macOS. Kommerzielle Compiler, wie die von Micro Focus, bieten robuste Umgebungen für die Entwicklung und Bereitstellung von COBOL-Anwendungen auf diesen Plattformen, oft neben Anwendungen, die in Java, C# oder anderen Sprachen geschrieben sind. Diese Systeme könnten Abteilungsanwendungen, Backends von Webanwendungen oder sogar von Mainframes migrierte Systeme hosten.

Cloud-Umgebungen

Ja, sogar COBOL-Anwendungen können in der Cloud laufen! Dies wird oft erreicht durch:

- **Rehosting**: Übertragen einer Mainframe-Umgebung (einschließlich COBOL-Anwendungen) auf Cloud-Infrastruktur, manchmal unter Verwendung von Mainframe-Emulatoren ("Lift and Shift").
- **Replatforming**: Migrieren von COBOL-Anwendungen, um sie nativ auf Cloud-Plattformen (z. B. Linux-Virtuellen Maschinen in der Cloud) mithilfe von Compilern auszuführen, die mit dieser Umgebung kompatibel sind.
- **Container**: Verpacken von COBOL-Anwendungen und ihren Abhängigkeiten in Container (wie Docker) zur Bereitstellung in Cloud-Umgebungen.

Obwohl die Bereitstellung von COBOL in der Cloud spezifische Strategien erfordert (siehe unten kurz besprochen), zeigt dies, dass die Sprache selbst an moderne Infrastrukturparadigmen anpassbar ist.

Schnittstellen zu anderen Technologien

Heutige COBOL-Anwendungen existieren selten im luftleeren Raum. Sie müssen mit neueren Systemen, Webschnittstellen, Datenbanken und in anderen Sprachen geschrieben Anwendungen kommunizieren. Integration ist der Schlüssel.

Aufrufen anderer Sprachen

Genauso wie Sie gelernt haben, die `CALL`-Anweisung (Kapitel 13) zum Aufrufen anderer COBOL-Unterprogramme zu verwenden, existieren Mechanismen, um Routinen aufzurufen, die in Sprachen wie C, Java oder anderen von COBOL aus geschrieben wurden, und umgekehrt. Spezifische Systemsoftware und Sprachumgebungsfunktionen erleichtern diese Interoperabilität und ermöglichen es COBOL-Programmen, Bibliotheken oder Funktionen zu nutzen, die in anderen Sprachen entwickelt wurden.

Webdienste und APIs

Ein entscheidender Aspekt der Modernisierung von COBOL-Systemen ist die Bereitstellung ihrer Logik und Daten über **Anwendungsprogrammierschnittstellen (APIs)**. Bestehende COBOL-Programme, die vielleicht komplexe Geschäftsregeln ausführen oder auf Legacy-Datendateien zugreifen, können so "verpackt" werden, dass moderne Web- oder Mobilanwendungen mithilfe von Standard-Webprotokollen wie REST oder SOAP mit ihnen interagieren können. Das bedeutet, dass eine moderne Frontend-Anwendung hinter den Kulissen eine Transaktion auslösen könnte, die von einem vertrauenswürdigen COBOL-Programm auf einem Mainframe verarbeitet wird. Diese **API-Befähigung** ermöglicht es Organisationen, ihre jahrzehntelangen

Investitionen in COBOL-Logik zu nutzen, während sie moderne Benutzeroberflächen erstellen.

Datenbanken

Obwohl wir uns auf traditionelle COBOL-Dateitypen konzentriert haben (Sequentiell,
Indiziert, Relativ in Kapitel 7-10), interagieren COBOL-Programme in vielen modernen Umgebungen ausgiebig mit relationalen Datenbanken wie IBM Db2, Oracle
oder SQL Server. Dies geschieht typischerweise mithilfe von **Embedded SQL**. Spezielle `EXEC SQL ... END-EXEC`-Blöcke werden innerhalb des COBOL-Quellcodes platziert. Ein Präcompiler übersetzt diese SQL-Anweisungen in Code, der Datenbank-
routinen aufruft, wodurch das COBOL-Programm Daten in standardmäßigen relationalen Datenbanken abfragen, einfügen, aktualisieren und löschen kann. Diese
Integration ist in vielen Unternehmensumgebungen fundamental.

Einführung in Modernisierungsstrategien

Wenn Organisationen von "COBOL-Modernisierung" sprechen, bedeutet dies nicht
immer, den COBOL-Code wegzuwerfen. Oft beinhaltet es Strategien zur Verbesserung, Integration oder erneuten Bereitstellung bestehender Anwendungen:

- **API-Befähigung:** Wie besprochen, Bereitstellung von COBOL-Funktionen als
  Dienste, die moderne Anwendungen konsumieren können.
- **Rehosting/Replatforming:** Verschieben von Anwendungen auf andere Hardware oder Betriebssysteme (einschließlich der Cloud), oft um Kosten zu sen-
  ken oder die Flexibilität zu verbessern, während die Kern-COBOL-Logik
  intakt bleibt.
- **Code-Transformation/Refactoring:** Analysieren bestehenden COBOL-Codes
  und Umstrukturieren für bessere Wartbarkeit, vielleicht Aufteilen großer Programme in kleinere, aufrufbare Module (Kapitel 13) oder Verbesserung der
  Einhaltung strukturierter Programmierprinzipien (Kapitel 15).
- **Selektiver Ersatz:** Schrittweises Ersetzen spezifischer COBOL-Module oder -
  Funktionen durch Komponenten, die in anderen Sprachen geschrieben sind,
  während der Großteil des COBOL-Systems betriebsbereit bleibt.
- **Modernisierung der Benutzeroberfläche:** Erstellen neuer Web- oder grafis-
  cher Benutzeroberflächen, die mit der zugrunde liegenden COBOL-
  Anwendung interagieren (oft über APIs).

Die wichtigste Erkenntnis ist, dass Modernisierung ein Spektrum ist und die
Bewahrung wertvoller COBOL-Assets oft ein zentrales Ziel darstellt.

Die Zukunft von COBOL und COBOL-Programmierern

Also, stirbt COBOL aus? Trotz jahrzehntelanger Vorhersagen bleibt die Antwort ein klares **Nein**. Die schiere Menge an kritischem COBOL-Code, der weltweit läuft, stellt sicher, dass es noch viele Jahre Bestand haben wird. Was *passiert*, ist ein demografischer Wandel: Viele erfahrene COBOL-Programmierer erreichen das Rentenalter.

Dies schafft eine bedeutende Chance. Es besteht ein kontinuierlicher und oft dringender Bedarf an Entwicklern, die:

- Bestehende COBOL-Systeme **warten** können, um sicherzustellen, dass sie weiterhin zuverlässig laufen.
- Diese Systeme **erweitern** können, indem sie neue, vom Geschäft geforderte Funktionen hinzufügen.
- COBOL-Anwendungen mithilfe der oben diskutierten Strategien **modernisieren** können.
- COBOL-Systeme mit neueren Technologien **integrieren** können.

Heute COBOL zu lernen bedeutet nicht, in der Zeit zurückzureisen; es geht darum, Fähigkeiten zu erwerben, um die kritische Infrastruktur des globalen Geschäfts zu verwalten und weiterzuentwickeln. Moderne COBOL-Entwicklung beinhaltet oft die Arbeit mit zeitgenössischen Werkzeugen, Plattformen, Datenbanken und Integrationstechniken neben der Kernsprache COBOL. Sie bietet stabile, herausfordernde und oft lohnende Karrierewege. Ihre Reise beim Erlernen von COBOL 85 hat Sie mit den grundlegenden Fähigkeiten ausgestattet, um an diesem wichtigen Bereich der Informatik teilzunehmen.

Zusammenfassung des Kapitels

In diesem Kapitel traten wir zurück, um COBOLs Platz in der breiteren Technologiewelt zu betrachten. Wir bestätigten seine fortwährende, kritische Rolle beim Antrieb von Kerngeschäftsfunktionen in Schlüsselindustrien, getrieben durch jahrzehntelange Investitionen und seine Eignung für die Verarbeitung großer Datenmengen. Sie haben gelernt, dass COBOL nicht nur auf Mainframes läuft, sondern auch effektiv auf verteilten Systemen und sogar in Cloud-Umgebungen. Wir haben untersucht, wie COBOL-Anwendungen durch Mechanismen wie sprachübergreifende Aufrufe, API-Befähigung und Embedded SQL für den Datenbankzugriff mit anderen Technologien integriert werden. Wir haben verschiedene Modernisierungsstrategien vorgestellt, die COBOL-Systeme oft verbessern oder integrieren, anstatt sie zu ersetzen. Schließlich haben wir die Zukunft angesprochen und die anhaltende Nachfrage nach COBOL-Kenntnissen aufgrund der Beständigkeit der Sprache und des Ausscheidens erfahrener Programmierer hervorgehoben.

Das Verständnis der technischen Aspekte von COBOL ist entscheidend, aber Code zu schreiben, den andere über die Zeit sicher verstehen und ändern können, ist ebenso wichtig. Das letzte Kapitel konzentriert sich auf Prinzipien und bewährte Praktiken **zum Schreiben von wartbarem und effizientem COBOL-Code**, um sicherzustellen, dass die von Ihnen erstellten Programme nicht nur funktional, sondern auch professionell und nachhaltig sind.

Kapitel 17: Schreiben von wartbarem und effizientem COBOL

Wir haben das letzte Kapitel unserer Kernreise zur Beherrschung von COBOL 85 erreicht. Sie haben die Struktur der Sprache gelernt, wie man mit Daten und Dateien arbeitet, die Logik steuert, modulare Programme erstellt und sogar Ihre Kreationen debuggt. Sie verstehen, warum COBOL ein Eckpfeiler moderner Geschäftssysteme bleibt (Kapitel 16). Einfach nur Code zu schreiben, der *funktioniert*, ist jedoch nicht das ultimative Ziel. Professionelle Entwickler streben danach, Code zu schreiben, der auch **wartbar** ist – leicht für andere (und Ihr zukünftiges Ich) zu verstehen, zu ändern und zu erweitern – und angemessen **effizient** in seiner Nutzung von Systemressourcen. Dieses Kapitel konzentriert sich auf die Prinzipien und Praktiken, die funktionalen Code zu professionellem, nachhaltigem COBOL-Code erheben.

Codierungsstandards und bewährte Praktiken

Konsistenz ist ein Markenzeichen professionellen Codes. Die meisten Organisationen, die COBOL verwenden, haben **Codierungsstandards** etabliert – Richtlinien, die Namenskonventionen, Layout, Kommentierungsstile und bevorzugte Sprachkonstrukte vorschreiben. Die Einhaltung dieser Standards ist entscheidend, wenn Sie in einem Team arbeiten, da sie sicherstellt, dass jeder den Code leichter lesen und verstehen kann, was Fehler und Integrationsprobleme reduziert.

Selbst wenn Sie alleine arbeiten, wird die Übernahme eines konsistenten Satzes persönlicher Standards, basierend auf bewährten Praktiken, die Qualität und Langlebigkeit Ihrer Arbeit erheblich verbessern. Das Ziel ist Klarheit, Einfachheit und Vorhersehbarkeit.

Aussagekräftige Datennamen und Paragraphbezeichnungen

Die Namen, die Sie Ihren Variablen, Dateien, Datensätzen, Paragraphen und Sektionen geben, sind Ihr primäres Werkzeug, um Code selbsterklärend zu machen.

- **Klarheit vor Kürze:** Während frühes COBOL aufgrund historischer Einschränkungen manchmal kurze, kryptische Namen bevorzugte, betont die moderne Praxis stark die Klarheit. Ein Name wie `WS-KUNDENKONTO-SALDO` ist `WS-KKS` oder `X1` bei weitem vorzuziehen. Wählen Sie Namen, die den Zweck der Daten oder die Funktion des Paragraphen genau widerspiegeln.
- **Konventionen:** Verwenden Sie etablierte Präfixe oder Suffixe, um den Geltungsbereich und Typ anzuzeigen. Wir haben durchgängig `WS-` für `WORKING-STORAGE`-Elemente verwendet. Andere gängige Konventionen sind:
  - `-KZ`, `-SCHALTER`, `-INDIKATOR` für Bedingungskennzeichen (`PIC X`).
  - `-ANZAHL`, `-SUMME`, `-ZAEHLER` für numerische Akkumulatoren oder Zähler.
  - `-STATUS` für Dateistatusvariablen (`PIC XX`).
  - `-SATZ`, `-REC` für Dateidatensatzbeschreibungen.
  - `EINGABE-` oder `E-` für Eingabeparameter in der `LINKAGE SECTION`.
  - `AUSGABE-` oder `A-` für Ausgabeparameter in der `LINKAGE SECTION`.
- **Paragraph-/Sektionsnamen:** Wählen Sie aktionsorientierte oder beschreibende Namen, die den Zweck des Codeblocks zusammenfassen (z. B. `TRANSAKTIONSDATEI-LESEN`, `EINGABEFELDER-VALIDIEREN`, `NETTOLOHN-BERECHNEN`, `FEHLERBERICHT-SCHREIBEN`). Vermeiden Sie generische Namen wie `VERARBEITUNG-1`, `SCHLEIFE-A` oder `PARA-5`.

Durchdachte Benennung minimiert die Notwendigkeit von Kommentaren, die erklären, *womit* der Code sich befasst, sodass sich Kommentare darauf konzentrieren können, *warum* bestimmte Logik existiert.

Effektive Kommentierungsstrategien

Kommentare sind unerlässlich, um komplexe oder nicht offensichtliche Aspekte Ihres Codes zu erklären, aber übermäßige oder veraltete Kommentare können schädlich sein.

- **Wann kommentieren:**
  - **Komplexe Logik:** Erklären Sie komplizierte Algorithmen, nicht-triviale Berechnungen oder knifflige bedingte Strukturen.
  - **Annahmen:** Dokumentieren Sie alle Annahmen, die der Code über Eingabedaten, Dateizustände oder Systemverhalten trifft.

- **Workarounds:** Wenn Sie aufgrund von Systemeinschränkungen oder spezifischen Anforderungen eine nicht standardmäßige Lösung implementieren mussten, erklären Sie warum.
  - **Zweck von Paragraphen/Sektionen:** Ein kurzer Kommentar am Anfang eines wichtigen Paragraphen oder einer Sektion, der seine Funktion zusammenfasst, kann hilfreich sein.
  - **Datendefinitionen:** Gelegentlich können Kommentare, die die spezifische geschäftliche Bedeutung weniger offensichtlicher Datenelemente erklären, nützlich sein.
- **Was NICHT kommentieren:**
  - **Offensichtlicher Code:** Wiederholen Sie nicht einfach, was der COBOL-Code klar aussagt. `*-- Addiere 1 zum Zähler` über `ADD 1 TO WS-ZAEHLER.` ist redundant.
  - **Veraltete Logik:** Entfernen Sie Kommentare, die sich auf Code beziehen, der nicht mehr existiert. Veraltete Kommentare sind irreführend und schädlich.
- **Stil:** Verwenden Sie für die meisten Erklärungen ganzzeilige Kommentare (`*` in Spalte 7). Halten Sie Kommentare prägnant und fokussiert.
- **Wartung:** Behandeln Sie Kommentare genauso ernst wie Code. Wenn Sie Logik ändern, überprüfen und aktualisieren Sie **immer** alle zugehörigen Kommentare, um sicherzustellen, dass sie korrekt bleiben. Falsche Kommentare sind schlimmer als keine Kommentare.

Gut kommentierter Code erklärt das "Warum", nicht nur das "Was".

Strukturierung für Lesbarkeit

Wie Sie Ihren Code physisch anordnen, beeinflusst seine Lesbarkeit erheblich.

- **Einrückung:** Rücken Sie Code innerhalb von Strukturen wie `IF`, `PERFORM`, `EVALUATE` konsistent ein. Verwenden Sie die Standardunterscheidung zwischen Bereich A (Spalte 8) und Bereich B (Spalte 12+) korrekt (Kapitel 3). Einrückung verstärkt visuell die logische Struktur.
- **Vertikaler Abstand:** Verwenden Sie Leerzeilen sparsam, um unterschiedliche logische Blöcke innerhalb eines Paragraphen oder einer Sektion zu trennen, z. B. die Trennung der Variableneinrichtung von der Verarbeitungslogik oder die Trennung verschiedener `IF`-Blöcke. Vermeiden Sie übermäßige Leerzeilen, aber stopfen Sie nicht zusammenhanglosen Code zusammen.
- **Paragraphen und Sektionen:** Organisieren Sie Ihre `PROCEDURE DIVISION` logisch. Gruppieren Sie zusammengehörige Anweisungen in Paragraphen, die sich auf eine einzelne Aufgabe konzentrieren. Verwenden Sie Sektionen für eine übergeordnete Organisation in größeren Programmen (z. B. `INITIALIS-IERUNGS-SECTION.`, `HAUPTVERARBEITUNGS-SECTION.`, `ABSCHLUSS-SECTION.`). Halten Sie Paragraphen relativ kurz; wenn ein Paragraph sehr lang wird, über-

legen Sie, ob er weiter aufgeteilt werden kann oder ob ein Teil der Logik in einen per PERFORM aufgerufenen Paragraphen oder ein aufgerufenes Unterprogramm verschoben werden könnte (Kapitel 13).

- **Bereichsabgrenzer:** Verwenden Sie immer explizite Bereichsabgrenzer (END-IF, END-PERFORM, END-READ usw.), wie in Kapitel 15 besprochen. Sie beseitigen Mehrdeutigkeiten und machen die Struktur explizit.
- **Modularität:** Teilen Sie komplexe Logik in kleinere, aufgerufene Unterprogramme auf (Kapitel 13). Dies verbessert die Lesbarkeit, indem Details abstrahiert werden, und fördert die Wiederverwendbarkeit.
- **Vermeiden Sie GO TO:** Wie in Kapitel 6 betont, verlassen Sie sich auf strukturierte Konstrukte (PERFORM, IF, EVALUATE) anstelle von GO TO zur Ablaufsteuerung.

Sauberer, gut strukturierter Code ist intuitiv nachzuvollziehen.

Grundlegende Überlegungen zur Leistung

Während tiefgreifendes Performance-Tuning sehr spezifisch für den Compiler, das Betriebssystem (insbesondere Mainframes) und die Anwendungsarbeitslast ist, können einige allgemeine COBOL-Codierungspraktiken die Effizienz beeinflussen. *Hinweis: Priorisieren Sie immer zuerst Klarheit und Korrektheit; optimieren Sie nur, wenn die Leistung ein nachgewiesenes Problem darstellt.*

- **USAGE-Klausel:** Wie in Kapitel 5 besprochen, sind arithmetische Operationen mit numerischen Daten, die mit USAGE IS COMPUTATIONAL (oder COMP, BINARY, PACKED-DECIMAL) definiert sind, im Allgemeinen deutlich schneller als mit den standardmäßigen USAGE IS DISPLAY-Feldern, da DISPLAY interne Konvertierungen erfordert. Verwenden Sie Rechenformate für Felder, die stark an Berechnungen beteiligt sind (Zähler, Akkumulatoren), insbesondere innerhalb von Schleifen. Verwenden Sie DISPLAY für Felder, die hauptsächlich für Ein-/Ausgabe oder einfache Verschiebungen verwendet werden.
- **Tabellensuche:** Für große Tabellen ist SEARCH ALL (binäre Suche) dramatisch schneller als SEARCH (lineare Suche), erfordert jedoch, dass die Tabelle nach dem angegebenen Schlüssel sortiert ist (Kapitel 12). Wenn Sie häufig große Tabellen durchsuchen, lohnt sich der Aufwand für das Sortieren oder Laden vorsortierter Daten oft.
- **Subskript vs. Index:** Indizes (INDEXED BY, SET) werden im Allgemeinen effizienter für den Zugriff auf Tabellenelemente implementiert als standardmäßige numerische Subskripte (Kapitel 12). Bevorzugen Sie Indizes, insbesondere für Schleifen und Suchen.
- **Minimieren Sie E/A in Schleifen:** Das Lesen oder Schreiben von Dateien ist typischerweise viel langsamer als Operationen im Speicher. Vermeiden Sie unnötige Datei-E/A innerhalb enger Schleifen, wenn möglich. Lesen Sie beispielsweise Daten zuerst in eine Tabelle und verarbeiten Sie dann die Tabelle.

- **Effiziente Vergleiche:** Beim Vergleich alphanumerischer Felder unterschiedlicher Länge füllt COBOL das kürzere Feld mit Leerzeichen auf. Seien Sie vorsichtig, wenn dieser Vergleich häufig innerhalb von Schleifen auftritt, obwohl moderne Compiler dies oft gut optimieren. Der Vergleich numerischer Felder ist im Allgemeinen effizient.
- **Vermeiden Sie redundante Berechnungen:** Wenn ein Berechnungsergebnis mehrmals innerhalb einer Schleife benötigt wird, sich aber nicht basierend auf Schleifenvariablen ändert, berechnen Sie es einmal *vor* der Schleife und speichern Sie das Ergebnis in einer Variablen.
- **Compiler-Optionen:** Die meisten COBOL-Compiler bieten Optimierungsoptionen, die die Leistung erheblich beeinflussen können, ohne dass Änderungen am Quellcode erforderlich sind. Konsultieren Sie die Dokumentation Ihres Compilers.

Denken Sie daran, dies sind allgemeine Richtlinien. Messen Sie die Leistung vor und nach Änderungen, die zur Optimierung gedacht sind.

Zusammenfassung des Kapitels

Dieses abschließende Kapitel gab Anleitungen zum Schreiben professionellen COBOL-Codes, der Wartbarkeit und grundlegende Effizienz betont. Wir betonten die Bedeutung der Einhaltung von Codierungsstandards, der Verwendung aussagekräftiger Namen für Daten und Prozeduren, des effektiven Kommentierens zur Erklärung des 'Warum' und der klaren Strukturierung des Codes durch Einrückung, Abstände, Module und Bereichsabgrenzer. Wir sprachen auch grundlegende Leistungsüberlegungen an, wie geeignete USAGE-Klauseln, effiziente Tabellensuche und die Minimierung von E/A innerhalb von Schleifen. Durch die Übernahme dieser Praktiken stellen Sie sicher, dass die von Ihnen erstellten COBOL-Anwendungen nicht nur funktional, sondern auch robust, verständlich und langfristig nachhaltig sind und positiv zum fortwährenden Erbe von COBOL in der modernen Welt beitragen.

Dies markiert das Ende unserer Kernerkundung von COBOL 85. Die Reise vom Verständnis der Grundstruktur über die Handhabung von Dateien, die Erstellung von Modulen bis hin zum Schreiben wartbaren Codes hat Sie mit einer soliden Grundlage ausgestattet. Die Anhänge bieten weitere Ressourcen, einschließlich reservierter Wörter und Dateistatuscodes. Denken Sie daran, dass Programmieren ein kontinuierlicher Lernprozess ist; üben Sie weiter, erkunden Sie die spezifischen Funktionen Ihres Compilers und tauchen Sie ein in die riesige Welt bestehender COBOL-Systeme – Sie sind nun gut vorbereitet, sich mit diesem wichtigen Teil der technologischen Landschaft auseinanderzusetzen.

Anhang A: Reservierte COBOL-Wörter

Während Sie Ihre COBOL-Programme erstellen und Datenelemente, Dateinamen und Paragraphbezeichnungen definieren (wie wir es ab Kapitel 3 und 4 geübt haben), werden Sie viele benutzerdefinierte Namen erstellen. Bestimmte Wörter haben jedoch vordefinierte, spezielle Bedeutungen innerhalb der COBOL-Sprache selbst. Diese sind als **reservierte Wörter** bekannt, und Sie **dürfen** sie **nicht** als Ihre eigenen benutzerdefinierten Namen verwenden. Der Versuch, ein reserviertes Wort beispielsweise als Variablennamen in Ihrer WORKING-STORAGE SECTION zu verwenden, führt zu einem Syntaxfehler, wenn Sie Ihr Programm kompilieren (wie in Kapitel 14 besprochen).

Stellen Sie sich diese Wörter als das grundlegende Vokabular vor, das der COBOL-Compiler für seine Anweisungen und seine Struktur versteht. Dieser Anhang bietet eine Referenzliste von Wörtern, die unter dem ANSI COBOL 85-Standard reserviert sind. Obwohl viele über verschiedene COBOL-Versionen hinweg konsistent sind, konsultieren Sie immer die Dokumentation Ihres spezifischen Compilers, da er möglicherweise zusätzliche Wörter reserviert.

Hier ist eine Liste gängiger reservierter COBOL 85-Wörter:

ACCEPT	ACCESS	ADD	ADVANCING	AFTER
ALL	ALPHABETIC	ALPHABETIC-LOWER	ALPHABETIC-UPPER	
ALPHANUMERIC	ALPHANUMERIC-EDITED		ALSO	ALTER
ALTERNATE	AND	ANY	ARE	AREA
AREAS	ASCENDING	ASSIGN	AT	AUTHOR
BEFORE	BINARY	BLANK	BLOCK	BOTTOM
BY	CALL	CANCEL	CD	CF
CH	CHARACTER	CHARACTERS	CLASS	CLOCK-UNITS
CLOSE	COBOL	CODE	CODE-SET	COLLATING
COLUMN	COMMA	COMMON	COMMUNICATION	COMP
COMPUTATIONAL	COMPUTE	CONFIGURATION	CONTAINS	CONTENT
CONTINUE	CONTROL	CONTROLS	CONVERTING	COPY

CORR	CORRESPONDING	COUNT	CURRENCY	DATA
DATE	DATE-COMPILED	DATE-WRITTEN	DAY	DAY-OF-WEEK
DE	DEBUG-CONTENTS	DEBUG-ITEM	DEBUG-LINE	DEBUG-NAME
DEBUG-SUB-1	DEBUG-SUB-2	DEBUG-SUB-3	DEBUGGING	DECIMAL-POINT
DECLARATIVES	DELETE	DELIMITED	DELIMITER	DEPENDING
DESCENDING	DESTINATION	DETAIL	DISABLE	DISPLAY
DIVIDE	DIVISION	DOWN	DUPLICATES	DYNAMIC
EGI	ELSE	EMI	ENABLE	END
END-ADD	END-CALL	END-COMPUTE	END-DELETE	END-DIVIDE
END-EVALUATE	END-IF	END-MULTIPLY	END-OF-PAGE	END-PERFORM
END-READ	END-RECEIVE	END-RETURN	END-REWRITE	END-SEARCH
END-START	END-STRING	END-SUBTRACT	END-UNSTRING	END-WRITE
ENTER	ENVIRONMENT	EOP	EQUAL	ERROR
ESI	EVALUATE	EVERY	EXCEPTION	EXIT
EXTEND	EXTERNAL	FALSE	FD	FILE
FILE-CONTROL	FILLER	FINAL	FIRST	FOOTING
FOR	FROM	FUNCTION	GENERATE	GIVING
GLOBAL	GO	GREATER	GROUP	HEADING
HIGH-VALUE	HIGH-VALUES	I-O	I-O-CONTROL	IDENTIFICATION
IF	IN	INDEX	INDEXED	INDICATE
INITIAL	INITIALIZE	INITIATE	INPUT	INPUT-OUTPUT
INSPECT	INSTALLATION	INTO	INVALID	IS
JUST	JUSTIFIED	KEY	LABEL	LAST
LEADING	LEFT	LENGTH	LESS	LIMIT
LIMITS	LINAGE	LINAGE-COUNTER	LINE	LINE-COUNTER
LINES	LINKAGE	LOCK	LOW-VALUE	LOW-VALUES
MEMORY	MERGE	MESSAGE	MODE	MODULES
MOVE	MULTIPLE	MULTIPLY	NATIVE	NEGATIVE
NEXT	NO	NOT	NUMBER	NUMERIC
NUMERIC-EDITED	OBJECT-COMPUTER	OCCURS	OF	OFF
OMITTED	ON	OPEN	OPTIONAL	OR
ORDER	ORGANIZATION	OTHER	OUTPUT	OVERFLOW
PACKED-DECIMAL	PADDING	PAGE	PAGE-COUNTER	PASSWORD
PERFORM	PF	PH	PIC	PICTURE
PLUS	POINTER	POSITION	POSITIVE	PRINTING
PROCEDURE	PROCEDURES	PROCEED	PROGRAM	PROGRAM-ID
PURGE	QUEUE	QUOTE	QUOTES	RANDOM
RD	READ	RECEIVE	RECORD	RECORDS
REDEFINES	REEL	REFERENCE	REFERENCES	RELATIVE
RELEASE	REMAINDER	REMOVAL	RENAMES	REPLACE
REPLACING	REPORT	REPORTING	REPORTS	RERUN
RESERVE	RESET	RETURN	REVERSED	REWIND
REWRITE	RF	RH	RIGHT	ROUNDED

RUN	SAME	SD	SEARCH	SECTION
SECURITY	SEGMENT	SEGMENT-LIMIT	SELECT	SEND
SENTENCE	SEPARATE	SEQUENCE	SEQUENTIAL	SET
SIGN	SIZE	SORT	SORT-MERGE	SOURCE
SOURCE-COMPUTER	SPACE	SPACES	SPECIAL-NAMES	STANDARD
STANDARD-1	STANDARD-2	START	STATUS	STOP
STRING	SUB-QUEUE-1	SUB-QUEUE-2	SUB-QUEUE-3	SUBTRACT
SUM	SUPPRESS	SYMBOLIC	SYNC	SYNCHRONIZED
TABLE	TALLYING	TAPE	TERMINAL	TERMINATE
TEST	TEXT	THAN	THEN	THROUGH
THRU	TIME	TIMES	TO	TOP
TRAILING	TRUE	TYPE	UNIT	UNSTRING
UNTIL	UP	UPON	USAGE	USE
USING	VALUE	VALUES	VARYING	WHEN
WITH	WORDS	WORKING-STORAGE	WRITE	ZERO
ZEROES	ZEROS	+	-	*
/	**	>	<	=
>=	<=			

Sich mit diesen Wörtern vertraut zu machen ist hilfreich. Wenn Sie versehentlich eines als Namen für Ihre eigenen Programmelemente verwenden, wird der Compiler Sie mit einem Syntaxfehler darauf hinweisen, und Sie können hier nachschlagen, um einen anderen Namen zu wählen. Diese Liste griffbereit zu haben, besonders wenn Sie anfangen, kann Ihnen einige Debugging-Zeit sparen.

Anhang B: Gängige Dateistatuscodes

Jedes Mal, wenn Ihr COBOL-Programm eine Ein-/Ausgabeoperation für eine Datei durchführt – sei es ein OPEN, CLOSE, READ, WRITE, REWRITE, DELETE oder START – gibt das COBOL-Laufzeitsystem eine Rückmeldung über das Ergebnis dieser Operation. Wie wir ab Kapitel 7 betont haben, erfolgt diese Rückmeldung in Form eines zweistelligen **Dateistatuscodes**, der in das Datenelement eingefügt wird, das Sie in der FILE STATUS IS-Klausel Ihrer SELECT-Anweisung angegeben haben.

Die Überprüfung dieser Dateistatusvariable **nach jeder E/A-Operation** ist absolut grundlegend für das Schreiben robuster COBOL-Programme. Sie ermöglicht es Ihnen, Erfolg, Dateiende-Bedingungen und verschiedene Fehlersituationen zu erkennen, sodass Ihr Programm angemessen reagieren kann, anstatt abzustürzen oder falsche Ergebnisse zu produzieren.

Obwohl der genaue Satz von Statuscodes zwischen verschiedenen COBOL-Compilern und Betriebssystemen leicht variieren kann (insbesondere die höher nummerierten Codes), definiert der ANSI COBOL 85-Standard viele gängige Codes, denen Sie häufig begegnen werden. Dieser Anhang listet einige der häufigsten Statuscodes und ihre allgemeinen Bedeutungen auf. Konsultieren Sie immer die Dokumentation Ihres spezifischen Compilers für eine definitive Liste, die für Ihre Umgebung gilt.

Dateistatuscode	Gängige Bedeutung & Typischer Kontext
Erfolgreiche Operationen	
00	**Erfolgreicher Abschluss:** Die Operation wurde ohne Probleme abgeschlossen.
02	**Doppelschlüssel (Alternativ):** Erfolgreich, aber ein Duplikat wurde für einen Alternativschlüssel erkannt, der WITH DUPLICATES spezifiziert (Indiziert WRITE/REWRITE).
04	**Satzlängen-Konflikt:** Erfolgreiches READ, aber die gelesene Satzlänge unterscheidet sich von der FD-Definition (relevant für Sätze variabler Länge).

05	**Optionale Datei nicht gefunden:** Erfolgreiches OPEN, aber eine optionale Eingabedatei (OPTIONAL in SELECT angegeben) war nicht vorhanden.
07	**Kein Platz:** Erfolgreiches CLOSE für Band-/Spulendatei, aber kein Platz auf der Einheit für erforderliche Etiketten/Markierungen.
Am Ende / Ungültiger Schlüssel Bedingungen	
10	**Dateiende:** Versuch, sequentiell über den letzten Datensatz hinaus zu READen.
14	**Außerhalb der Grenzen (Relativ):** Versuch eines sequentiellen READ außerhalb der Dateigrenzen für eine relative Datei.
21	**Sequenzfehler / Ungültiger Schlüssel:** Primärschlüsselwert zwischen READ und REWRITE geändert; oder Schlüssel bei sequentiellem WRITE nicht in Reihenfolge (Indiziert/Relativ).
22	**Doppelschlüssel:** Versuch eines WRITE mit einem Primärschlüssel (oder eindeutigen Alternativschlüssel), der bereits existiert; oder REWRITE, der versucht, einen Schlüssel auf einen bereits existierenden zu ändern (Indiziert/Relativ).
23	**Datensatz nicht gefunden / Slot leer:** Versuch eines zufälligen READ, START, REWRITE oder DELETE für einen Schlüssel/RRN, der nicht existiert oder auf einen leeren Slot verweist (Indiziert/Relativ).
24	**Grenzüberschreitung / Festplatte voll:** Versuch eines zufälligen WRITE mit RRN außerhalb der Dateigrenzen; oder kein Speicherplatz mehr während WRITE/REWRITE (Indiziert/Relativ).
Permanente Fehler	
30	**Permanenter E/A-Fehler:** Ein Hardware- oder Systemfehler ist aufgetreten (z. B. Festplattenausfall). Oft nicht durch das Programm behebbar.
34	**Grenzüberschreitung (Festplattenspeicher):** Permanenter Fehler ähnlich '24', aber spezifisch im Zusammenhang mit der Überschreitung physischer Dateigrenzen.
35	**Datei nicht gefunden:** Versuch eines OPEN für eine erforderliche (INPUT oder I-O) Datei, die nicht existiert.
37	**Zugriff verweigert:** Versuch eines OPEN für eine Datei, für die das Programm nicht die erforderlichen Betriebssystemberechtigungen für den Zugriff im angegebenen Modus hat.
38	**Datei zuvor mit Sperre geschlossen:** Versuch eines OPEN für eine Datei, die durch einen vorherigen Lauf gesperrt wurde.
39	**Dateiattribut-Konflikt:** Versuch eines OPEN, bei dem Dateiattribute (z. B. Organisation, Satzformat) nicht mit den SELECT-Klauseldefinitionen übereinstimmen.

Logik- & Implementierungs definierte Fehler	
41	**Datei bereits geöffnet:** Versuch eines OPEN für eine Datei, die im aktuellen Programm bereits geöffnet ist.
42	**Datei nicht geöffnet:** Versuch eines CLOSE für eine Datei, die derzeit nicht geöffnet ist.
43	**Lesen nicht erfolgt (DELETE/REWRITE):** Versuch eines DELETE oder REWRITE für sequentiellen Zugriff, wenn die letzte Operation kein erfolgreiches READ war.
44	**Datensatz zu groß/klein (REWRITE/WRITE):** Versuch eines REWRITE oder WRITE, bei dem die Satzlänge gegen Dateidefinitionseinschränkungen verstößt (besonders relevant für variable Sätze).
46	**Kein aktueller Satzzeiger (READ):** Versuch eines sequentiellen READ, nachdem ein vorheriger Fehler die Dateiposition undefiniert gelassen hat.
47	**Datei nicht Input/I-O (READ):** Versuch eines READ aus einer Datei, die nicht als INPUT oder I-O geöffnet wurde.
48	**Datei nicht Output/I-O/Extend (WRITE):** Versuch eines WRITE in eine Datei, die nicht als OUTPUT, I-O oder EXTEND geöffnet wurde.
49	**Datei nicht I-O (REWRITE/DELETE):** Versuch eines REWRITE oder DELETE für eine Datei, die nicht als I-O geöffnet wurde.
9x	**Implementierungsdefinierter Status:** Codes, die mit '9' beginnen, sind im Allgemeinen spezifisch für den Compiler oder die Betriebssystemumgebung. Konsultieren Sie Ihre Dokumentation für deren Bedeutungen.

Die Verwendung von 88-Stufen-Bedingungsnamen (Kapitel 11), die mit den relevantesten Statuscodes (00, 10, 22, 23, 35 usw.) in Ihrer WORKING-STORAGE-Definition der Dateistatusvariable verbunden sind, verbessert die Lesbarkeit Ihrer Fehlerprüfungslogik in der PROCEDURE DIVISION erheblich.

Denken Sie daran, dass diese Liste viele gängige Szenarien abdeckt, aber nicht erschöpfend ist. Konsultieren Sie immer die Dokumentation für Ihren spezifischen COBOL-Compiler und Ihre Betriebsumgebung für die vollständige Liste der unterstützten Dateistatuscodes und deren genaue Bedeutungen.

Anhang C: Weiterführende Literatur und Ressourcen

Ihre Reise durch "COBOL 85 in der modernen Welt meistern" hat Ihnen eine starke Grundlage in der Struktur, Syntax und den Kernfähigkeiten der Sprache vermittelt. Die Welt der Programmierung ist jedoch riesig, und Lernen ist ein kontinuierlicher Prozess. Dieser Anhang bietet Hinweise auf weitere Ressourcen, mit denen Sie Ihr Verständnis vertiefen, Antworten auf spezifische Fragen finden, sich mit der Community austauschen und fortgeschrittenere Themen oder andere COBOL-Standards jenseits der von uns fokussierten Version von 1985 erkunden können.

Offizielle Standarddokumente

Das Verständnis des offiziellen Standards kann für präzise Details hilfreich sein, obwohl sie oft dicht und technisch zu lesen sind. Die Suche nach der Standardisierungsorganisation und der spezifischen Standardnummer ist normalerweise der beste Ansatz.

- **ANSI INCITS 23-1985 (R1991):** Die Spezifikation für COBOL 85. Frei verfügbare Kopien zu finden, kann manchmal schwierig sein, aber die Kenntnis der offiziellen Bezeichnung hilft bei der Suche. Bibliotheken oder akademische Einrichtungen könnten Zugang bieten.
- **ISO/IEC 1989:** Die internationale Standardbezeichnung für COBOL, mit nachfolgenden Revisionen (z. B. ISO/IEC 1989:2002, ISO/IEC 1989:2014), die spätere Versionen der Sprache definieren.

Online-Communities und Foren

Der Austausch mit anderen COBOL-Programmierern ist von unschätzbarem Wert, um Fragen zu stellen, Lösungen zu teilen und auf dem Laufenden zu bleiben.

- **Stack Overflow:** Suchen Sie mit dem Tag [cobol]. Viele häufige (und ungewöhnliche) Fragen wurden hier wahrscheinlich schon gestellt und beantwortet. Stellen Sie sicher, dass Sie gründlich suchen, bevor Sie eine neue Frage stellen.

- **Spezifische Benutzergruppen:** Suchen Sie nach Foren oder Mailinglisten, die bestimmten Compilern (wie GnuCOBOL) oder Plattformen (wie Mainframe-Benutzergruppen) gewidmet sind. Diese können sehr gezielte Hilfe bieten.
- **LinkedIn-Gruppen:** Suchen Sie nach COBOL-bezogenen Fachgruppen, um sich mit anderen Entwicklern zu vernetzen.

Compiler-spezifische Dokumentation

Dies ist wohl die wichtigste Ressource. Während sich dieses Buch auf Standardkonzepte von COBOL 85 konzentrierte, hat jeder Compiler (GnuCOBOL, IBM Enterprise COBOL, Micro Focus Visual COBOL usw.) seine eigenen spezifischen Implementierungsdetails, Konfigurationsoptionen, Fehlermeldungen und potenziell erweiterten Funktionen.

- **GnuCOBOL:** Die offizielle GnuCOBOL-Website und die zugehörige Dokumentation (Programmierhandbuch, FAQ) sind unerlässlich, wenn Sie diesen Compiler verwenden.
- **IBM Enterprise COBOL for z/OS:** IBM bietet umfangreiche Online-Dokumentation über sein Knowledge Center, die Sprachreferenz, Programmierhandbücher, Migrationsleitfäden und mehr abdeckt.
- **Micro Focus:** Micro Focus bietet umfassende Dokumentation für seine verschiedenen COBOL-Produkte über sein Support-Portal.

Konsultieren Sie *immer* die Dokumentation für die spezifische Compiler-Version und das Betriebssystem, mit dem Sie arbeiten, um die genauesten und relevantesten Informationen zu erhalten.

Bücher und Tutorials

Obwohl dieses Buch darauf abzielte, eine solide Grundlage zu schaffen, können andere Texte unterschiedliche Perspektiven bieten oder tiefer in bestimmte Bereiche eintauchen.

- **Klassische Lehrbücher:** Ältere, angesehene COBOL-Lehrbücher (oft mit Fokus auf COBOL 74 oder 85) können aufgrund ihrer detaillierten Erklärungen und Beispiele immer noch wertvoll sein, insbesondere in Bezug auf strukturierte Programmierprinzipien. Autoren wie Stern & Stern oder Nancy Stern werden oft mit klassischer COBOL-Pädagogik in Verbindung gebracht. Suchen Sie nach Ressourcen in Universitätsbibliotheken oder bei Antiquariaten.
- **Moderne COBOL-Bücher:** Neuere Veröffentlichungen decken manchmal spätere Standards (COBOL 2002+) ab oder konzentrieren sich auf COBOL in

spezifischen modernen Kontexten wie Mainframe-Modernisierung oder Schnittstellen zu anderen Sprachen.
- **Online-Tutorials:** Verschiedene Websites bieten COBOL-Tutorials an, die von einführenden bis zu fortgeschritteneren Themen reichen. Bewerten Sie die Qualität und stellen Sie sicher, dass sie mit Standardpraktiken übereinstimmen (z. B. Verwendung von Bereichsabgrenzern, Vermeidung von übermäßigem GO TO).

Abschließende Gedanken

Die hier aufgeführten Ressourcen sind Ausgangspunkte. Der beste Weg, COBOL weiter zu meistern, ist durch Praxis: Schreiben Sie Code, experimentieren Sie, lösen Sie Probleme, lesen Sie bestehende Programme (wo möglich) und beschäftigen Sie sich mit der Dokumentation und Community, die spezifisch für Ihre Umgebung sind.

www.ingramcontent.com/pod-product-compliance
Lightning Source LLC
LaVergne TN
LVHW081344050326
832903LV00024B/1315